정돌이

정돌이

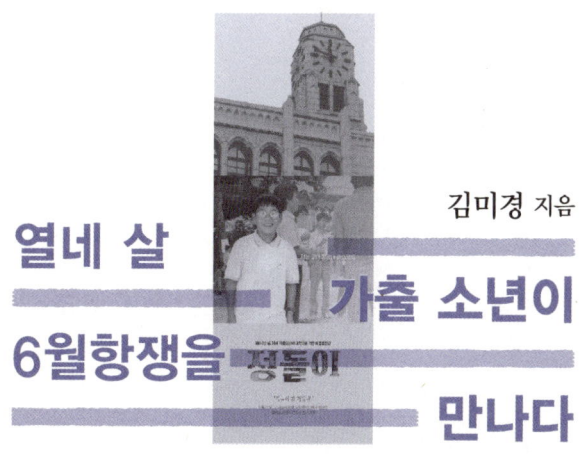

김미경 지음

열네 살 가출 소년이
6월항쟁을 만나다

어나더북스

감동의 서사를 전하는 정돌이와
그를 사랑으로 품었던
엄혹한 시대의 수많은 형, 누나들에게
이 책을 바친다.

책을 펴내며

군부독재와 싸우며 키워낸 14살 가출 소년 '정돌이'
그들의 아름다운 이야기는 여전히 현재진행형이다!!

6월 항쟁, 모두가 함께 해낸 일

뜨거웠던 그해 1987년의 기억을 떠올려 본다. 그때 취업을 준비하고 있었다. 나쁘지 않은 성적으로 졸업하고 교사 자격증도 갖고 있었다. 그런데 학창 시절 술만 마셔대던 남학생들이 은행으로 갈까 제조업으로 갈까 추천서를 손끝으로 튕기며 취업 메뉴를 고르는 것을 지켜보면서 조바심이 나곤 했다. 조간신문의 광고면을 훑거나 여기저기 지원서를 넣는 게 그 당시의 일상이었다. 여자 졸업생에게 박했던 취업문을 두드리며 이대로 실업자가 되는 건 아닐까 하는 불안감에 지원서를 계속 보내고 우체통을 열어 보곤 했다.

그런 시절이었다. 결국 취업을 했고, 다행이었고, 내 눈에 보이던

5월은 찬란했다. 두 사람 정도가 교행하면 꽉 찰 만큼 좁은 사무실 나무 계단을 걸어 올라갈 때 들리던 삐걱대는 소리도 일자리를 준 회사가 들려주는 심포니처럼 느껴지던 그해. 피폐해진 나를 돌보느라 세상이 그렇게 변하고 있다는 걸 몰랐었다. 나의 관심은 오로지 나였다.

E 여대를 다니던 친구는 학창 시절 세상이 이대로 돌아가게 둬서는 안 된다고 군부 정권을 향해 돌을 던지더니 결국 졸업 후에 어찌어찌하다가 그 정부에서 월급을 주는 안기부라는 직장에서 커피도 타고 카피도 하는 일을 하게 되었다는 아이로니컬한 소식을 전해주었던 그해 여름이었다.

초여름의 살랑대는 바람도 훈풍이 아닌 후끈한 열풍으로 바뀌던 6월 말, 커다란 시대의 그 파도를 잊을 수가 없다. 생각이 있는 사람이란 사람은 다 거리로 나왔던 것 같다. 그 거리에서 삶과 생각이 일치하지 못해서 가졌던 부끄러움을 조금이나마 씻을 수 있었다. 성난 시민들의 함성과 뜨거운 열기 그리고 가슴 깊숙한 곳에서부터 솟아오르는 희열과 두근거림에 전율했다. 환희와 기쁨으로 온 마음이 범벅이 되었다. 안기부에 근무하던 그 친구는 비상이 걸린 사무실에서 책상 위에 쿠션을 올려놓고 그 쿠션이 다 젖도록 얼굴을 박고 소리도 내지 못한 채 감격의 눈물을 쏟아냈다고 했다. 모두가 함께 해낸 일이었다.

힘겨운 상황에서도 가출 소년 정돌이를 사랑으로 돌보며

그 시간 그 자리에 열네 살 꼬마 '정돌이'도 함께했다고 했다. 물론 그때에는 몰랐고 37년이라는 긴 시간이 지난 후에야 그 사실을 알게 되었다. 너무나 놀라운 일이었다. 그때 정돌이는 가정이 돌봐주지 않고, 세상이 키워주지 못한 14세의 어린 가출 소년이었다. 정돌이는 세상이라는 큰 바다 위를 표류하며 겨우 가랑잎 하나를 타고 있었다. 그 꼬마 아이를 거둬서 먹이고 재우고 키우는 일을 정작 어른들은 해주지 못했다. 기껏 스무 살 전후의 어린 대학생들이 위태로운 처지의 정돌이를 키웠다. 정돌이에게 기적이 일어나 가족 같은 형, 누나들이 생긴 것이다. 그 형, 누나들은 군사정권과 맞서 싸우며 6월항쟁을 이끌어낼 때까지 힘겨운 생활을 하면서도 가출 소년 정돌이를 방치하지 않았다. 가족이란 이름도 아니고, 혈연이거나 무슨 빚을 진 관계도 아니었다. 그저 사람이라면 응당 해야 할 약한 자를 돌보는 일에 그들의 생각이 하나로 모아진 것뿐이었다.

〈정돌이〉라는 애니메이션 같은 제목의 영화를 처음 접하면서 마음 한구석에서 뭔가 갚아야 할 빚이 있었다는 사실이 고개를 들었다. 정돌이를 키우던 그 시절에 그곳에 있었다고 해도 그 형, 누나들처럼 따뜻한 마음으로 돌볼 수 있었을까? 정돌이를 돌보지는 못했다고 해도 거스를 수 없던 그해 역사의 흐름에 내가 한 번이라도 노를 저으며 보탬이 되기는 했었던가? 그래서일까. 책을 만드는 일에 무조건 동참하고 싶었다. 영화 속 편집된 인터뷰 영상 뒤로 정작

해야 할 이야기가 있고, 정말 들려줄 생각들이 표현되지 못 한 게 있다면 그걸 알리고 싶었다. 나의 필력이 사실을 다 말하는 데 부족함이 있다면 그건 진심과 감사하는 맘으로 채우면 될 거라 믿었다. 그렇게 해서 인터뷰 기사 위주로 신문, 잡지에 기고만 했던 내게 새로운 이력을 더하게 되었다. 그러니까 이 책《정돌이》는 나의 첫 번째 장편 소설이고, 새로운 도전인 셈이다.

어린 시절, 엄마 치마꼬리를 붙잡고 따라간 응암동 변두리 시장통에서 닭 머리를 비틀어 피를 빼고 털을 뽑던 그 괴기스러운 광경조차 지금은 아름다운 추억이 되었다. 유년이란 건 그렇게 무엇이든 누구에게든 아름답고 그리운 것이다. 인터뷰를 하면서 그 유년의 시간을 결핍과 폭력이 가득한 시간으로 보내느라 추억 자체를 통째로 빼앗긴 정돌이가 너무나 안타깝고 안쓰러워 울었다. 글을 쓰면서 정돌이를 키워낸 젊은 청춘의 후배들이 고맙고 기특해서 또 울었다.

기꺼이 그의 형, 누나로 함께 걷고 싶은 소망을 고백하며

돌을 던지지도 못하고, 도서관으로 향하지도 못한 채 어리버리 시간과 에너지를 버렸던 내 청춘에 대한 반성과 그 생각의 간극을 메꿀 에너지를 이 한 권의 책에 다 쏟아부었다. 그래서 나로서는 조금의 갚음이 되기를 희망한다. 어린 나이에 민주화 항쟁을 경험하고 세상을 너무 빨리 알아버렸지만 속물이 되기엔 너무나 순수한 아이, 정돌이. 그를 만나게 해준 인연과 그의 이야기를 쓰게 기회를 준 고대 선후배들에게도 감사의 마음을 전한다.

드라마를 쓰던 대사체에 익숙한 문장을 매만지고 돌보느라 애를 쓴 권무혁 출판사 대표에게 무엇보다 인사를 전하고 싶다. 편집이 거의 마무리될 즈음, 그에게 최고로 좋은 일이 생겼다는 소식을 들으면서 마음껏 축하의 박수를 보냈다. 유독 더웠던 여름 사물놀이패 '미르'를 운영하면서 장구 치고 공연 준비를 하느라 온몸이 땀으로 젖었을 정돌이 송귀철 님의 나머지 삶에 큰 격려의 박수를 보낸다. 그가 어릴 적에 만나서 돌보지는 못했지만 앞으로는 기꺼이 그의 형, 누나로 함께 걷고 싶은 소망을 고백한다.

흔쾌히 발문을 맡아주신 존경하는 조선희 작가님에게 감사를 전한다. 그리고 옆에서 응원해 준 가족들과 사랑하는 벗들에게 고마운 마음을 숨길 수 없다. 살면서 할 일은 오로지 갚을 일뿐이라는 걸 일깨워 준 그들이기에.

2024년 10월 초순 **김미경**

차례

책을 펴내며 ··· 7
군부독재와 싸우며 키워낸 14살 가출소년 '정돌이'
그들의 아름다운 이야기는 여전히 현재 진행형이다!!

1. 보고 싶은 얼굴들 ··· 15
2. 상계동 서울살이 ·· 37
3. 폭력이 일상이었던 고향, 경기도 연천 ············· 65
4. 춥고 배고프고 무서운 곳, 서울 ······················ 91
5. 사물놀이 '미르' ·· 121
6. 고려대학교와의 첫 인연 ································ 133
7. 정돌이로 살았던 시간들 ································ 157
8. 잃어버린 장구 ·· 175
9. 정돌이만 잡으면 다 잡는다 ··························· 197
10. 아버지를 멀리 보내고 ································· 217
11. 어느 날 불현듯 사랑이 찾아오다 ················· 227
12. 정의롭게 산다는 것 ···································· 255
13. 변한 것들과 달라진 사람들 ························· 273
14. 영화 〈정돌이〉로 다시 태어나다 ·················· 285

발문 조선희(작가, 전 서울문화재단 대표) ··············· 299
인간 승리의 드라마이자 격동의 시대극

1

보고 싶은 얼굴들

후드득 후드득!

얇은 함석지붕 위로 굵은 빗줄기 떨어지는 소리가 요란하게 들려온다. 어제 초저녁 잠들 무렵부터 시작된 비였다. 해가 뜨기는 뜬 것인지 사위가 어둑한 회색빛이다. 새벽녘이 틀림없는데 아직도 빗소리가 들리는 걸로 봐서는 밤새 내리고 있는 모양이다. 그 빗소리를 듣던 귀철에게 더럭 걱정거리가 스친다. 어제 고무신 한 짝을 벗어 송사리를 잡고 놀다가 그대로 개울가에 놓아두고 왔는데, 그사이에 떠내려갔으면 어쩌나. 지난 장이 열렸을 때 엄마가 장에 가서 나물을 내다 팔고 사다 준 고무신이다. 아버지는 장에 나가서 돌아오면서 자기가 마실 술이 아닌 아들 신발을 사 온 아내를 어김없이 두들겨 팼다. 아버지의 뭇매를 피할 때마다 엄마는 도와달라는 신호 대신 늘 귀철과 귀철의 누나를 향해 손사래 치며 말하곤 했다.

"얼른 나가. 멀리 도망가! 얼른!"

엄마는 울지 않는다. 그렇다고 슬픈 표정을 짓지도 않는다. 아주 무표정한 얼굴로 자신한테 쏟아지는 매를 온몸으로 받는다. 그 시간만큼 아이들이 도망갈 시간을 벌어줄 수 있다는 듯, 원치 않게 끌려온 어린 용병이 전장에서 자기가 몸으로 총알을 맞은 만큼 나라를 구할 수 있을지도 모른다는 비장한 표정을 짓듯 엄마는 늘 그렇게 알 수 없는 표정이다.

누워서 빗소리를 듣고 있던 귀철이 몸을 뒤척인다. 무심코 돌아누우니 팔을 베개로 내어준 아버지가 곁에 있다. 무표정해서 더욱 슬픈 엄마의 머리채를 잡고 멍이 들도록 두들겨 패던 술 냄새 풍기는 아버지가 지금 귀철 옆에 누워 있다. 아버지는 잠을 자고 있는 중이다. 세상 가장 평화로운 표정으로. 귀철은 가만히 아버지 쪽으로 몸을 당겨 가까이 가본다. 그리고 아버지의 코에 손을 대본다.

가느다란 숨소리, 오르락내리락하는 평온한 가슴. 아버지라는 이름의 사람이 풍기는 냄새. 냉기 가득한 방에서 귀철은 잠든 아버지를 자기 품 쪽으로 가까이 끌어당겨 그의 왼쪽 팔 위로 자신의 팔을 지그시 얹어 본다. 들큼한 술 내음이 무슨 까닭인지 싫지가 않다. 진저리나게 싫었던 그 냄새, 그만큼 보기 싫었던 아버지였다. 춥다. 방이 너무 추워서 옆에서 잠든 아버지의 품속으로 기어서라도 들어가야 몸에 남은 온기를 유지할 것 같았다. 이

여름 장마철에 춥다니. 아버지에게 가까이 가보고 싶어 하는 자신이 멋쩍어 변명을 하고 있는 건지도 모르겠다.

"여보. 일어나 봐요. 꿈꿨어?"

옆에서 자던 아내가 귀철의 몸을 흔든다. 귀철은 어렴풋이 잠에서 깨어나 부스스한 눈을 비벼본다. 어린 시절 아버지의 매를 피해 무작정 집을 나선 이후로 한 번도 보고 싶지 않던, 아니 생각 속에서조차 등장시키고 싶지 않았던 아버지가 요즘 들어 꿈속에서 가끔씩 귀철을 찾아온다. 어제 저녁 둘째 녀석이 방을 치우지 않는다고 좀 꾸짖었는데, 녀석은 이제 머리가 제법 컸다고 대뜸 말대꾸를 했다. 아들 녀석하고 조금 다툰 후 기분이 상한 채로 잠이 들었더니 어김없이 아버지가 귀철의 꿈에 출연한 것이다. 물론 살아서의 모습처럼 아버지는 말을 하는 법이 없었다. 아버지의 입은 오로지 술을 마실 때를 위해서만 필요하다는 걸 모르는 귀철이 아니었다. 듣고 싶은 말도 없었다. 아버지는 술을 마시지 않은 맨정신일 때는 입을 꾹 닫은 채 말이 없었다. 아니 말이 없던 걸로 기억이 왜곡되어 있는지도 모르겠다. 아버지의 입에서 나오던 폭력적인 말들, 엄마를 때리고 욕하고, 어린 자신과 누나에게 공포라는 느낌 말고는 다른 기억을 주지 못했던 아버지의 언어들을 망각이라는 지우개라도 빌려 없애버리고 싶은 귀철의 깊은 소망의 발로인지도 모를 일이다.

"내가 뭐라고 잠꼬대라도 한 거야?"

"잠꼬대는 안 했지만 몸을 비틀고 막 신음을 하던데? 또 나쁜 꿈을 꾼 거야?"

아내는 대놓고 귀철의 아버지 꿈을 나쁜 꿈으로 표현한다. 출근 준비를 하는 아내는 분주하다. 한 손으로는 머리에 롤을 말고 또 다른 손으로는 가방에 이것저것 소지품들을 날렵하게 주워 담는다. 지금은 방학이라 아이들을 새벽같이 깨워 학교에 보내지 않아도 되니 귀철이 조금 더 늦잠을 청할 수 있지만, 학기 중에는 귀철도 아침 시간에는 숨 돌릴 틈이 없다.

"장마가 오래 가네. 오늘처럼 비 오는 날 운전하는 게 제일 고역인데…."

아내가 투덜거린다. 방학이 되면 특강을 하는 아내는 더 바빠진다. 대학에서 국악을 전공한 아내는 대학이나 국악 고등학교 같은 곳에서 타악을 가르친다. 여러 국악기 중에서 음계로 감정을 표현하지 않고 소리의 강약과 진동만으로 다른 악기들과 조화를 이루며 연주를 리드하는 악기다. 어쩌면 그녀의 성정과도 잘 어울린다. 얼핏 보면 많이 씩씩해서인지 조금 저돌적으로 보이는 성격이지만, 사실은 자기 혼자만의 소리를 낸다기보다 주변 사람들에게 자신의 소리를 맞춰서 조화를 만들어 낼 줄 아는 사람이다. 돈벌이에는 영 젬병인 남편 때문에 방학 중에도 학기 중에도 쉼 없이 아이들을 가르치는 데다가 최근에 인수한 고시원 사업까지 도맡아 건사하느라 정신없이 바쁜 아내에게 귀철은 늘 안쓰럽고 미안한 마음이다.

주섬주섬 옷을 입고 차가 있는 곳까지 우산과 짐을 들어줄 겸 귀철이 아내를 배웅하러 따라 나선다. 아파트 옆 동 1층 베란다에 제라늄 화분이 몇 개 걸려 있다. 어릴 때는 백합꽃인 줄로만 알았던 원추리꽃도 아파트 개울을 따라 만들어진 작은 숲길을 따라 올망졸망 피어 있다.

문득, 아득히 멀어진 까닭에 이제는 얼굴을 떠올리려면 한참 기억을 끄집어내야 하는 젊은 날의 창기 형 얼굴이 가슴에 와닿는다. 원추리. 형이 참 좋아하던 꽃이었다. 예전엔 흔하지 않았던 원추리꽃을 보고 나리꽃이라고 불렀던 형은 원추리의 꽃말이 'day lily'라면서 설명을 해주었다. 원추리는 백합처럼 화려한 꽃을 피우지만 단 하루밖에 가지 않는다. 하지만 한 포기에서 꽃대와 꽃봉오리가 계속 만들어진다. 한 포기로 보면 거의 한 달 이상 싱싱한 꽃을 볼 수 있다고 했다. 한 사람이 쓰러져도 그와 뜻을 같이하는 동지들이 계속 그 뜻을 이어 봉기할 수 있는 것처럼, 어제의 그가 아닌 다른 사람이 피우는 민주의 불씨가 계속 뜨거운 불길을 이어줄 거라는 생각으로 원추리꽃을 닮았다고 말했었다.

학창 시절, 민주화 운동을 경험하면서 온몸으로 사상운동에 몰두하던 창기 형은 1980년 중후반부터 커다란 반향을 불러일으킨 주체사상과 통일운동 이론에 깊이 빠져 있었다. 통일운동이 창기 형의 주된 지향점이었다. 학교를 나온 후 그는 〈자주신보〉라는 잡지를 발간할 정도로 열성이었다. 이 일로 인해 이적표현물 위반으로 구속되기도 했다. 그렇게 그의 청년 시절은 여간 신산한 게 아니었다. 서슬이 시퍼렇던 시절이라 국가보안법이라는 잣대는 어디에든 갖다 맞추면 죄가 되는 귀걸이이고 코걸이였다.

재밌는 건 그런 창기 형이 미국 할리우드 액션 영화인 〈코만도〉, 〈람보〉를 보고서는 한동안 몸만들기에 빠져 지낸 적이 있었다는 사실이다. 열심히 활동하고 적들과 맞서 싸우려면 체력이 좋아야 한다고 말하며 헉헉대며 푸시업을 하는 모습이 코믹하면서도 아이로니컬했다. 지금 생각해 보면, 창기 형 역시 피가 뜨거운, 그냥 젊은 청년 남자아이였는지도 모르겠다. 형이 어느 날, 한 후배에게 자신이 막을 테니 어디든 때려 보라고 호기 있게 말했다. 주저주저하는 후배에게 용기가 있네 없네 하며 놀리던 창기 형이 약간 열받은 후배에게 '퍽!' 하고 한 방을 맞아 버렸다. 어찌나 세게 맞았는지 형의 앞니가 몇 개 나가버렸다. 화를 내기에도 애매한 상황이었다.

한동안 빨대로 음식을 먹을 수밖에 없었는데, 그럼에도 사람 좋게 헤헤 웃던 형이었다. 지금 그때의 형 나이를 역으로 추산해 보면 기껏해야 스물두세 살, 철이 없을 만한 나이었다. 한창 꿈을 꿔야 할 나이에, 날아오를 날개를 준비해야 할 나이에, 세상의 모든 바람이 달콤할 수도 있을 만한 젊은 나이에 세상과 정면으로 맞서 싸워 보겠다고 두 다리로 버티던 창기 형은 지레 지쳐 세상을 일찍 떠나버렸다.

목포가 고향이었던 형은 처음부터 농악대에서 활동하려고 대학 입시를 준비했다고 했다. 입학 시험을 보자마자 합격 발표를 하기도 전에 학교 농악대 서클실부터 찾아갔다. 의아해하는 사람들에게 새 학기부터 농악대에 들어갈 테니 기다리라고 호기 있게 말한 형은 어이없게도 그해 합격하지 못했다. 한 해 재수까지 하고 시험이 끝나고 나서 똑같은 농악대 서클을 두 번이나 찾아갔다는 전설이 있는 형이었다. 형은 키가 아주 큰 건 아니었지만 몸 비율이 참 좋았다. 농악대에서 창기 형은 악기를 잘 치는 편은 아니었지만 잡색은 잘했다. 잡색은 풍물을 하는 과정에서 농악판의 가운데와 바깥쪽을 상황에 따라 이동하며 흥을 돋구는 역할을 한다. 보통 대포수라고 부르기도 하는데, 대포수는 뒤에 가방을 메거나 꿩 같은 걸 매달고 다니면서 진두지휘한다.

리더 스타일인 형에게는 그 역할이 너무 잘 어울렸다. 원추리 꽃을 가슴에 품을 만큼 감성도 풍부했던 그는 시를 써서 문단에 등단하기도 했다. 〈바보 과대표〉라는 시를 써서 상도 받았는데, 그때 받은 상금을 자기를 위해서는 한푼도 쓰지 않고 후배들에게 밥과 술을 사주었다. 마음이 넓고 풍류가 많았던 형은 당시 생각과 노선이 다른 친구들 사이에서도 인기가 많았다. 재주가 너무 많아 어느 한쪽으로 정해진 길을 찾지 못했지만 오로지 하나 '통일'에 대한 신념만은 누구보다 간절한 사람이었다. 귀철이 자고 있는 자취방에 친구들을 데리고 와서 밤새 토론을 하네 어쩌네 하면서 담배를 엄청나게 피워대면, 귀철이 자다 말고 일어나 짜증을 부렸다.

"아, 담배 좀 그만 피워."

그럼에도 창기 형은 아랑곳하지 않고 귀철을 앉혀서 진지하게 붙잡고는 늘 이렇게 말했다.

"통일해야 돼, 동생!"

창기 형은 훗날 귀철의 신혼집에 찾아와서는 없는 형편에도 10만 원짜리 상품권을 내놓았다. 그러고는 귀철에게 한마디 덧붙였다.

"야. 형이 돈 많이 벌면 너 1억 줄게."

요즘은 1억으로 할 수 있는 게 한정되어 있지만, 가슴이 뜨거웠던 그 시절의 1억은 뻥이든 꿈이든 간에 그들이 언급할 수 있는 세상에서 가장 큰 액수였을 것이다. 형을 만나러 의왕 구치소로 두 번째 면회를 간 날, 그의 얼굴은 말이 아니었다. 감옥 안에서도 잠도 잘 자지 않고 계속 글을 쓰고, 간수들과의 사이에 문제가 생겨 단식도 하는 등 몸을 돌보지 못했던 까닭이다.

"귀철아. 곧 통일이 될 거야. 모두들 이렇게 염원하고 있으니 말이다. 그때 분단되지 않은 통일 조국에서 만나자."

무슨 책에서나 나오거나 연설문 속에서나 들을 수 있는 말이었다. 형은 진심으로 굳건하게 자기가 살고 있는 시대에 곧 통일이 될 거라고 믿었지만, 결국 살아서는 통일을 보지 못하고 젊은 나이에 세상을 떠났다. 문득 오늘 같은 날, 귀철은 창기 형이 있는 납골당에 가보고 싶다는 생각을 해 본다.

아내를 보내고 돌아서서 조금은 느긋하게 가끔 들르는 동네 빵집 겸 찻집에서 따끈한 라떼라도 한잔 마시며 분위기를 좀 잡아볼 심산이었는데, 전화벨이 울린다. 분명히 누군가의 휴대폰 번호인데, 저장이 되어 있지 않아 이름이 뜨지 않는다. 요즘은 영업하는 사람들도 회사 전화가 아닌 휴대폰으로 전화를 하니 모르는 번호는 받지 않는 편인데, 어쩐지 전화의 뒷번호가 낯설지 않다. 1905. 귀철은 피식 웃으며 액정을 들여다본다. '1905라니. 우연이 아니면 반드시 고려대학교 충성 빠란 얘긴데. 그렇다면 아마도 아는 사람이 아닐까.'

"송귀철입니다."

다소 사무적으로 전화를 받으니 수화기 너머 조금은 들뜬, 그럴 줄 알았다는 투의 목소리가 들려온다.

"송귀철 맞지? 나 진용이야. 최진용. 기억나지? 탈반!"

기억의 저편에서 진용이라는 이름 하나가 망각의 덤불을 제치며 귀철에게로 다가온다.
"아! 진용이… 형. 그 전자이빨 진용이 형?"
"하하하. 야, 송귀철이! 맞구나. 니가 날 기억 못할 리가 없지. 그래, 전자이빨 최진용이다. 우리 본 지 한 20년쯤 된 거 같지? 2002년에 나 밴쿠버 간다고 송별회 할 때 보고 못 봤으니까. 그래도 너 잘 살고 있다는 소식은 들어서 알고 있었어."
너무 긴 세월인데도 성큼 다가온 진용 형의 목소리를 들으니 갑자기 귀철의 발 아래 시멘트 밑바닥에서부터 부르르 진동이 느껴지는 것 같은 착각이 든다. 얼마 만인가. 얼마나 긴 시간의 강이 흘렀는데, 왜 어릴 적 듣던 이름들을 들으면 귀철에게는 그게 단순한 이름이 아니라 커다란 함성처럼 들려오는 건지. 서슬 시퍼렇던 시절, 아득하게 멀리서 들리던 발자국 소리가 점점 커져 어서 일어나 앞으로 나아가라는 진군의 북소리로 변해 귓전에 울린다. 그러면 귀철의 심장도 덩달아 쿵쿵 뛰게 하던 그 시간이 마치 지금 귀철의 눈앞에 파노라마처럼 펼쳐지는 것만 같다. 단지 진용이라는, 오랫동안 잊고 있었던 이름 하나를 들었을 뿐인데 말이다. 어젯밤 꿈속의 아버지와의 만남이 떠올랐다. 오늘 창기 형도 그렇고 진용 형도 그렇고 그들을 소환하는 기억의 다리를 놓아주려는 아버지로서 할 수 있는 몇 안 되는 배려로 꿈에서 예고를 해준 것이었을까? 왜 빗속의 원추리를 보며 창기 형이 떠올랐고 불현듯 진용 형의 전화가 왔을까.

"두섭이가 세상 떠났다, 귀철아."

두섭의 빈소는 검은 옷을 입은 문상객들로 그득하다. 전자이빨로 불렸던 진용 형과 가장 친하게 지냈던 두섭 형. 한때는 담뱃진으로 누렇게 벽지가 떠서 기댈 곳도 없던 코딱지만 한 방에서 네 명이 자취를 한 적이 있었다. 춥고 지겨운 겨울이 지나고 봄이 올 때쯤이면 겨우내 입던 외투며 속옷들을 고무로 된 붉은 다라이에 넣고 하이타이를 풀어 발로 질근질근 밟던 그 시간 속에 유난히 이가 하얗고 쿤타킨테처럼 까무잡잡했던 두섭 형이 있었다. 그는 연락이 안 되던 긴 시간 동안 위에서 시작된 암이 결국 췌장까지 번져 고통스러운 투병 생활을 했다고 했다.

두섭 형은 순한 파이터였다. 대학 때에도 정립회관이라는 장애인 재활 복지관을 다녔던 기억이 난다. 저녁 내내 혹은 밤늦게까지 토론을 마치면 그 길로 술집으로 향했는데, 술집에서도 갑론을박을 이어갔다. 두섭 형은 숙취에 머리가 깨질듯한 아침에도 일찍 일어나 동네 한 바퀴를 달리는 운동을 했다. 어릴 때 앓았던 소아마비로 인해 걸을 때 한쪽 다리를 살짝 들면서 걷던 습관이 있던 형은 그렇게 해야 질질 끌면서 다리를 절뚝이는 걸 남에게 보이지 않을 수 있다고 말했었다.

달리는 걸로 걸음걸이를 교정할 수 있다고 믿었던 것 같다.

밤에 뒤엉켜 잠들었다가 한밤중에 볼일이라도 보기 위해 일어나 잠든 형들의 엉덩이를 밟고 문 바깥으로 나갈라치면 문간에 앉아서 소리 내지 않으려 이를 악물고 다리를 주무르는 형을 본 적도 많았다. 자기 몸의 고통과 싸우며 인생을 알아버린 두섭 형은 그 어떤 싸움에도 겁낼 게 없다고 했다.

"야. 혹시 어떤 상황이 닥쳐서 아무리 심한 고문을 받게 되더라도 지금 내 다리 아픈 것보다는 낫지 않을까?"

두섭 형이 이런 말을 하면서도 씨익 웃을 수 있었던 건 어쩌면 그렇게라도 해야 자신이 몸 때문에 불행하다는 걸 잊어버리게 될지 모른다는 기대감 때문은 아니었을까? 한 번도 그 아픈 다리의 굴레에서 해방되어 보지 못하면서도, 시위에 나가서도 혹 달리지 못해 앞서지 못하게 될까 봐, 혹여 자신의 느린 걸음 때문에 동료들에게 피해를 주게 될까 봐 힘든 훈련을 하던 형이었다. 남들보다 낫기 위해서가 아니라 남들과 보조를 맞추기 위해 필사적으로 투쟁하던 형의 적은 바깥에 있는 독재 정권이나 외부에 있던 억압 세력이 아니라 어쩌면 자신의 몸속에 있던 장애였을지도 모르겠다.

후에 대학을 졸업하고 지하철 노조에 있을 때 길바닥에서, 차가운 시멘트 위에서 자야 하는 셀 수 없는 많은 날들 때문에 뼈는 뼈대로 녹아내려 허리 통증이 심했다고 했다. 하지만 무엇보다 제때 먹지 못하고 술로 배를 채워가며 젊은 시절을 보냈던 형의 고단했던 위장이 그를 더 이상 용서하지 못했던 모양이다.

사진 속의 그는 예의 새하얀 이를 내놓고 활짝 웃고 있다. 예전에도 형은 늘 자기 수첩 속에 가장 최근에 찍은, 자기 마음에 드는 사진을 넣고 다녔었다. 왜 그러냐고 물으면 언제 어디서 객사할지도 모르니 문상 오는 사람들에게 마지막엔 좋은 얼굴을 보여주고 싶다고 말해 욕을 얻어먹곤 했다. 늘 자기가 가지고 다니던 그 사진으로 영정 사진을 해달라고 말했었다. 젊은 나이에 왜 그런 생각을 했었는지는 모르겠지만, 아무튼 지금 자기의 빈소에서 활짝 웃고 있는 50대 후반의 사진 속 그의 미소는 청년 시절에 보던 그 모습 그대로인 것 같다. 가슴 저 아래에서 뜨겁고 뻐근한 물기가 올라오는데도 귀철은 두섭 형의 미소를 보며 자신도 설핏 웃어 버린다. '울지 않고 보내드려야겠다. 지금까지 살아온 역사가 슬퍼지지 않도록.'

유독 오래 무릎을 꿇고 엎드려 머리를 박고 귀철은 한동안 움직이지를 못했다. 이렇게 가려고 그렇게 자기를 버리고 치열하게 살았나?

"두섭이 이 자식 '산 자여 따르라'고 그렇게 부르더니 지가 먼저 세상 뜨는 게 어딨냐?"

남편을 멀리 보낸 형수와 인사를 마치고 식당으로 들어오는데 막 도착했는지 정만 형의 목소리가 들린다. 정만 형은 귀철에게 매우 특별한 사람이다. 서울이라는 낯선 곳에서 누나에게조

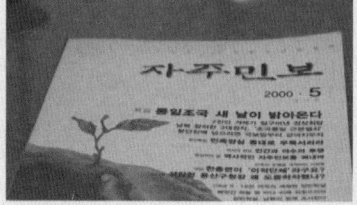

열렬한 투사 고(故) 이창기(임학과 88학번) 씨의 멋진 모자를 쓴 모습. 그는 〈자주민보〉를 발행했을 정도로 통일운동에 매진했던 인물이다. 2018년 타계.

곁에 아무도 없던 귀철에게 처음으로 따스한 손을 내밀어 준 고(故) 서정만(행정학과 84학번) 씨가 2022년 영화 〈정돌이〉에 참여해 인터뷰하고 있는 모습(上). 그는 2023년 암 투병 끝에 사망했다. 그의 장례식장을 찾은 '정돌이' 송귀철이 고인이 된 은인에게 절을 올리고 있다(中).

차 발길을 향하지 못한 채 혈혈단신으로 거리를 헤매고 있을 때 만난 형이다. 그러니까 곁에 아무도 없던 귀철에게 처음으로 따스한 손을 내밀어 준 은인이다. 긴 세월이 지나도 그날 그 담벼락에 서 있던 마르고 키가 훌쩍 커서 길기만 하게 보였던 형의 모습은 귀철에게 그 모습 그대로 남아 있다.

그 뒤에 너무도 많은 형, 누나들이 귀철의 손을 잡아주고, 업어주고, 어깨를 두들겨 주었지만 다른 사람들은 다 잊어도 정만 형만은 잊을 수가 없다. 모두들 반가웠다. 오래 못 보고 지냈던 형들의 얼굴도 보였고 가끔 연락하고 지내는 익숙한 형들도 만났다. 빈소에 딸린 식당은 슬픔을 토대로 한 왁자지껄한 반가운 만남의 장으로 변해 있었다. 한때 뒤엉켜 지냈던 시간은 너무도 진하게 응축되어 있어서 그 밀도의 힘은 지난 20년이라는 시간의 파도를 어디론가 밀어내 버린 듯 귀철은 형들이 어제 본 듯 반갑기만 하다.

"형!!"

"이게 누구야. 정돌이 아니니? 이 자식. 이런 데나 와야 만나는구나."

정만 형이 귀철을 정돌이라고 부르며 반갑게 손을 잡는다. 그렇다. 정말 그리운 사람들이고, 정말 뜨거웠던 마음들이었고, 가열차고 치열했던 시간들이었다. 여기저기 다른 테이블에 앉아 있던 형들, 누나들이 다가오기도 하고 부르기도 했다. 캐나다에서 귀국해서 오랜만에 연락을 한 진용 형을 제외하면 최근까지 이런 저런 행사에서 얼굴을 보던 형, 누나들의 모습도 보였다.

아주 오랜 시간 못 봤던 창희 형도 만났다. 노래얼 서클에서 어찌나 쩌렁쩌렁 연습을 하루 종일 했었는지 아직도 형이 부르는 〈마른 잎 다시 살아나〉 노래가 귀에 쟁쟁하다.

"야. 귀철이. 넌 진짜 하나도 안 변했다. 어릴 때 얼굴 그대로야. 그냥 작은 붕어빵에서 크기만 늘어난 붕어빵 같은데? 나이를 먹어도 이렇게 똑같을 수가 있냐?"

여기저기 인사를 다니는 동안 잠시 두섭 형의 죽음은 뒤로 밀어두었다. 다시 만난 왕년의 투사들과의 동창회 자리가 되어 버린 듯 반갑게 웃고, 악수들이 오가고, 역시 오래전 그때처럼 술잔들이 오가며 밤이 깊어진다.

귀철이 버스 창가 자리에 앉아 밖을 내다본다. 빈소에서 나와 한잔 더하자고 모두들 병원 앞 맥주집으로 향했다. 형들과 웃고 떠들다 막차를 놓칠 수 없다는 생각에 귀철은 만류하는 형들을 뿌리치고 먼저 일어섰다. 택시를 탈 수도 있지만 늘 고생하는 아내에게 미안한 생각이 들어 가능한 막차라도 버스나 전철을 타겠다고 생각하는 귀철이었다. 나이가 든다는 건 현실에 굴복하는 것이라지만, 어쩌면 그건 굴복이 아니라 현실에 맞춰 잘 살아내는 게 아닐까? 그렇다면 어린 시절의 귀철이 살아온 시간이 유별났던 건 그가 특별해서도 아니고 특별히 팔자가 기구해서도 아니다. 아마도 그렇게 운명의 파도를 타면서 맞춰 살 수밖에 없었던 성격 때문이었으리라. 귀철은 형들이 하자는 걸 안 해 본 게 없고 형들이 가는 곳이면 어디든 따라다녔다. 그냥 그들이 귀철에게는 보호자고 아버지였고 하느님이었다.

안암역을 출발한 버스는 고려대 정문 앞을 지나 경동시장 쪽으로 방향을 튼다. 지금의 학교는 예전 어린 소년의 눈으로 바라볼 때와 비교하면 엄청나게 달라졌다. 몰라볼 만큼 세련되고 말끔하게 정리된 캠퍼스에 규모도 커졌다. 교문에는 '정규직·비정규직·시간강사의 생존권 보장하라', '나쁜 재단' 같은 구호가 적힌 현수막이 걸려 있다. 2024년의 대학생들은 무도한 권력에 맞서 목숨 건 투쟁을 하는 게 아니라 학교 행정에 대한 불만을 표현하는 내용의 시위를 하는 모양이다. 시시해 보이기도 했지만 귀철은 문득 그들이 한없이 부럽다는 생각이 들었다. 삐뚤빼뚤한 글씨로 써 붙였던 그 시절의 남루했던 대자보와 걸개들이 떠오른다.

지금 귀철의 눈앞에 있는 고려대학교는 1987년의 모습이다. 세상에 태어나 처음으로 대학교라는 걸 구경하며 눈이 휘둥그레진 어린 소년. 입고 있는 때 국물에 푹 쩐 옷 말고는 몸에는 아무것도 지니지 못한 채 겁도 없이 세상 속으로 너무 빨리 뛰어든 아이. 폭우 쏟아지는 들녘을 날아다니다 어느 가지에도 젖은 날

개 접을 데가 없어 쓰러지기 직전에 아무런 대책도 없이 도시로 날아든 어린 새. 그 아이가 바로 '정돌이' 송귀철이다. 넓기만 했던 본관 앞 잔디밭 위로 인정사정없이 터지던 최루탄과 페퍼포그의 냄새가 어떤 맛이었는지 아직도 귀철의 기억에 선명하다. 아직 저녁의 찬 기운이 뺨에 와닿는 이른 봄이지만 귀철은 버스 창문을 슬그머니 열어본다. 불현듯 최루탄 내음과 더불어 어디선가 멀리서 함성과 노랫소리가 귀철의 귀에 들려오기 시작한다.

소나무 우거진 회관 앞 잔디밭, 쇠창살 둘러친 면학의 도서관….

문득 신기하게도 최루탄을 맞기라도 한 듯 갑자기 눈물이 주르륵 흘러내린다. 모든 건 지나가 버렸다. 추억이라고 하기에 너무도 맵고 쓰고 신 맛이었지만 그걸로 기억되지 않는 정돌이만이 갖고 있는 포근하고 따뜻한 그리고 무엇보다 그 많은 내음을 덮어주었던 사람 냄새와 맛이 떠오른다. 이제 귀철은 정돌이 시절의 나이보다 많은 아들 녀석이 셋씩이나 있는 아버지가 되었다. 그때의 그 냄새를 기억하며 인생을 살아왔고 그때 형들이 주었던 사랑이란 걸 배워서 지금의 어른이 되었다. 귀철은 아직도 그들의 품속에서 사람 체취를 맡으며 살았던, 아련했던 그 시절이 너무도 그리워진다. 지금 살고 있는 것이 꿈인지도 모르겠다고 가끔씩 살을 꼬집어 볼 정도로 귀철에게는 그 시절 그 캠퍼스가 청춘의 실재였고 참인생이었다. 다시 돌아온다 해도 똑같이 살 수밖에 없다면 그곳을 택하고 싶다. 지금도 여전히 달려가고 싶은 그곳, 사랑하는 고려대학교로!

2

상계동 서울살이

귀철은 1974년 8월에 경기도 연천군 내산리에서 태어났다. 태어난 날이 음력 8월이지만 날짜가 정확하지는 않다. 그에게 아무도 생일을 챙겨준 적이 없고 미역국을 끓여 줄 만큼 사는 게 녹록지 않았기 때문이다. 귀철 아버지에게는 형 한 분이 있었다. 듣기로는 형 둘이 더 있었는데 일찍 돌아가셨다고 한다. 또 고향이 연천이라고 하기도 하고 이북에서 내려왔다고 하기도 했다. 큰아버지가 시키는 대로 숲에 가서 나무를 하기도 했던 아버지는 일이 끝나고는 나무 일부를 큰아버지 몰래 갖다 팔아 술을 사드셨단다. 그런 술꾼 아버지에게 왜 어머니가 시집왔는지 귀철로서는 알 수가 없다. 사실 어머니는 그리 빈곤한 집안 출신은 아니었다. 귀철이 사람과의 관계가 궁금할 만큼 머리가 커질 즈음에는 이미 어머니도 아버지도 이 세상을 떠난 뒤라 어머니의 사연은 알 도리가 없었다.

아버지는 한쪽 눈이 상당히 좋지 않았다. 지금도 귀철이 떠올리는 장면이 있다. 술 대신 물을 드려도 시력이 나쁜 아버지가 술인 줄 알고 받아 마시던 광경이다. 게다가 야맹증이 심해서 어둑한 시간이 되면 바깥출입을 거의 하지 못했다. 간혹 나갔다고 하더라도 넘어져 돌아오는 등 사고가 잦았다. 그런 허약한 몸이 된 것은 술 때문이었다. 술중독자가 되어 정신이 건강하지 못하니 무슨 일을 할 수 있었겠는가? 아버지를 그렇게 이해해 보려고 했지만 어린 귀철의 기억 속 아버지는 늘 술에 취한 모습뿐이었다.

한번은 동네 점방에서 외상 술을 마시고 가게 아저씨와 싸움이 붙은 적이 있다. 술을 마시면 물불 가리지 않던 아버지는 거의 난동 수준으로 주정을 부렸고, 잠시 후 파출소 순경들이 와서 아버지를 잡아갔다. 연락을 받고 엄마, 누나와 함께 파출소로 달려갔다. 지금 같으면 있을 수 없는 일이지만, 파출소 안에서도 고래고래 소리를 지르며 기물을 때려 부수는 아버지를 막던 경찰이 나중엔 자기가 화가 나서 오히려 아버지를 두들겨 패게 되었다. 술에 취한 사람이니 조금만 밀어도 넘어뜨리기 쉽고 저항할 힘도 없었을 텐데…. 아버지는 미운털과 괘씸죄까지 추가되어 나중에 다리가 잘못되어 절게 될 지경까지 경찰들에게 몰매를 맞았다. 경찰들의 폭행이 심해지자 어머니는 그들 앞에서 무릎을 꿇고는 싹싹 빌고 사정사정해서 걷지도 못하는 아버지를 부축해서 논두렁을 지나 집으로 돌아왔다. 어머니 부축에 의지해 다리를 질질 끌며 아버지는 짐승처럼 부르짖었다. 그런 아버지에게 아무런 대꾸도 하지 않고 먼 허공을 바라보며 묵묵하게 집으로 걸어오던 엄마의 텅 빈 눈동자가 지금도 눈에 선하다.

한편 귀철의 동네는 얼마 후 군 작전 지역으로 편입되어 약간의 보상을 받고 마을을 떠야 했다. 큰아버지는 근처에서 농사를 계속 지었지만 아버지는 어머니와 두 살 위인 누나 그리고 어린 귀철을 데리고 서울 상계동으로 이사했다. 어렴풋한 기억이지만, 외할머니와 외삼촌이 상계동에 살고 있었던 것 같다. 외삼촌 역시 사업을 하다 망해서 상계동 빈민촌에 살았고, 그나마 핏줄이라 어머니가 의지하려는 마음으로 그들 곁으로 옮긴 것 같다. 하지만 서울살이는 너무도 고단했다. 평생 일을 해 보지도 않은 가장과 함께 사는 서울 빈민촌 삶이 어땠을지는 말하지 않아도 짐작할 수 있을 것이다.

상계동에 살 때 많이 배우지 못했던 엄마는 건물 청소를 다녔다. 매일 아침 주정뱅이 남편이 먹을 밥을 지어 놓고, 아이들 건사도 제대로 못 한 채 몸뻬바지를 입고 머리에 수건을 쓰고 일터로 향했다. 당시 엄마는 어림잡아 서른도 채 안 된, 스물여남은 살 언저리였다. 귀철 머릿속에 떠오르는 엄마 모습은 이제 남아 있지 않다. 유일하게 엄마와 찍은 한 장의 사진이 그녀가 남긴 마지막 흔적이지만, 그 사진을 볼 때마다 귀철은 보고 싶은 엄마 얼굴이라는 느낌이 별로 없다. 오히려 삶에 찌든, 어리고 불쌍한 꽃다운 나이의 앳된 여자가 보일 뿐이다.

귀철도 당시에는 꿈이 있었다. 어떤 사람이 되겠다거나 무슨 일을 하겠다는 꿈이 아니었다. 그저 하루하루 배가 불렀으면 좋겠다는 기도를 하며 잠이 들었다. 그게 소망이자 꿈이었다. 판자로 된 대문을 열면 부엌이랄 것도 없이 거적이 깔린 바닥의 컴컴한 한 귀퉁이에 곤로가 하나 있었고, 그 흙바닥을 지나 문을 열면 방이 하나 있었다. 방 위쪽으로 다락 비스무리한 공간이 있었는데 엄마와 아버지는 아래에서 자고 누나와 귀철은 다락에서 잤다. 자다가 떨어진 적도 많았지만 워낙 낮게 만들어진 곳인 데다 공간을 활용하기 위해 반으로 쪼개 만든 곳이라서 떨어져 봐야 잠자고 있는 엄마 아빠 위였다. 그래도 위에서 아이들이 떨어지면 자다가 깜짝 놀라는 아버지, 엄마 모습을 보며 까르르 웃기도 했다. 그게 그나마 그들이 웃을 수 있는 몇 안 되는 추억들이었으니 얼마나 척박했던 시간이었는지 어렵지 않게 짐작할 수 있으리라.

남루하고 가난한 상계동 달동네지만 또래 친구들과 함께 지내는 아이들에게는 동네 자체가 놀이터였다. 초등학교 1학년까지 다녔던 상계초등학교의 교정은 좁은 집에서 복닥거리는 가슴 답답한 아이들에게는 최고의 운동장이었다. 아침이면 사람들이 줄을 서서 공중화장실을 이용한다. 거기에 가면 좋은 일이 있었다. 고약한 냄새만 조금 참으면 사람들이 흘리고 간 동전 같은 걸 주울 수 있기 때문이다. 다른 애들이 먼저 발견하면 안 되니까 귀철은 새벽부터 일어나 졸린 눈을 비비며 소위 '변소깐' 근처를 서성거렸다. 거기서 운 좋게 동전을 줍는 날은 배고픈 귀철이 군것질하며 호사를 누릴 수 있는 날이었다.

하루는 엿장수 아저씨가 동네에 들어왔다. 멋들어진 가위질 소리도 좋았지만 나무로 된 엿판 위에 각양각색으로 놓인 윤기 번드르르 흐르는 엿들 그리고 그 위에 뿌려진 콩고물이 군침을 돋게 했다. 아저씨는 우선 주변에 모여든 아이들에게 엿의 귀퉁이를 아주 잘게 잘라 한 입씩 맛을 보게 한다. 세상에 태어나서 이런 것도 사람이 먹을 수 있는 건가 싶을 만큼 달콤했다. 혀끝에 녹아드는 생강의 아릿하고 자극적인 맛과 단맛의 조화는 지금도 가끔 입안에서 군침을 자극한다. 어쩌다 마트나 시골 장터에 갈 일이 있으면 귀철은 꼭 엿을 사 먹는다. 하지만 세상 어디에도 그때 먹던 엿을 다시 만날 수는 없었다.

"어떠냐. 이게 바로 생강엿이야. 아저씨가 많이 줄 테니 집에다 숨겨 놓고 두고두고 먹어라잉. 대신 지금 집에 가서 쇠붙이 있자녀. 냄비, 양재기 같은 거… 그걸 갖고 나와. 그럼 아저씨가 아주 많이 엿으로 바꿔 줄 텡께."

그쯤 되면 아이들은 아무런 판단도 할 필요가 없었다. 저런 천상의 맛을 내는 엿을 먹을 수 있다는데 냄비 따위가 무어 그리 대수랴. 집으로 뛰어 들어간 귀철은 주저하지 않고 아침에 엄마

귀철의 어릴 적 사진은 거의 없다. 하나뿐인 7살 때 찍은 불암산 계곡에서의 가족사진이다. 아버지와 어머니 그리고 누나가 보인다.

가 콩나물국을 끓여 놓았던, 바닥이 찌그러진 냄비를 집어 들었다. 조금 남아 있던 국물을 얼른 둘러 마시고, 다른 아이들보다 늦게 가면 혹시라도 엿이 다 없어질까 봐 냄비를 옆구리에 끼고 전속력으로 아저씨에게 달려갔다.

각자 집에 들어가 바꿔 먹을 만한 물건을 들고나온 아이들은 저마다 자석에 쇠붙이가 붙듯 엿장수 아저씨에게 모여들었다. 인생의 몇 안 되는 행복한 기억을 손에 꼽으라면 귀철은 이상하게도 그 시간이 자꾸 떠오른다. 아버지, 엄마에게 아무리 졸라도 나올 수 없었던 맛있는 간식, 그걸 자기 힘으로 얻을 수 있다는 사실이 뿌듯하고 장하기까지 했던 그 우쭐하던 기분. 아저씨는 유독 눈망울이 초롱한 귀철 머리를 손으로 쓰다듬으며 귀엽다고 칭찬까지 하면서 덤으로 엿을 더 주었다.

귀여운 아이들만이 가질 수 있는 프리미엄 그 자체였다. 그 엿을 볼이 터지도록 입에 쑤셔놓고 집으로 달려가는 귀철은 이제 곧 다가올 '구타'라는 비극을 그때는 조금도 생각하지 못했다. 불쌍한 귀철은 저녁밥을 준비하려고 들어온 엄마에게 일차로 약하게 두들겨 맞고, 그 사실을 알게 된 아버지에게 이차로 흠씬 두들겨 맞았다. 시쳇말로 정말 뒈질 정도로 맞고 나서도 반성하고 싶은 생각이 없었다. 실컷 맞고 나서 눈물 콧물이 범벅이 되어 이불을 쓰고 울고 있는 귀철에게 누나가 다가온다.

"많이 아파? 내일부터 밥은 어디다 끓여 먹냐. 이번에는 니가 잘못한 거야."

그런 누나 손에 귀철은 주머니에 따로 숨겨 놓은 엿 한 조각을 쥐어준다.

"그래도 젤로 맛있는 게 이거야. 밥 그따위."

마음에도 없는 소리였다. 때로는 쌀이 모자라서 멀건 보리죽을 끓여 그 국물만 먹으면서 사흘을 보낸 적도 있다. 동네 어귀의 가게에서 더 이상 귀철네에게 외상으로 식료품을 줄 수 없다고 딱 잘라 거절하던 시절에도 엄마는 사정사정해서 아버지의 술을 받아오곤 했다. 왜 그랬을까? 지금 생각해 봐도 이해할 수 없는 장면이었다. 그렇게 배고픈 시절에도 귀철은 밥과 엿 중에 하나를 선택하라면 주저 없이 엿이었다. 정말이지 맛있는 걸 먹으며 살고 싶었다. 어떤 걸 골라야 할 때 타협을 잘 안 하고, 다른 걸 다 버리고 가장 소중한 걸 택하는 귀철의 성격도 어쩌면 그때 만들어진 것이었을지 모르겠다.

고려대에서 형들과 함께 살던 시절, 좋은 집에 양자로 입양하겠다는 어른들도 있었다. 학교가 딸린 보호시설로 귀철이 가겠다고만 하면 갈 수도 있었다. 그 모든 권유를 다 거절하고 장구를 치고 상모를 돌리며 농악을 배우러 전라도에 내려간 것도 순전히 그의 선택이었다. 영화 〈슬라이딩 도어즈〉처럼 '그때 내가 이것이 아닌 저것을 선택했더라면 어땠을까?'라는 고민이 귀철에겐 있지 않았다. 그에겐 오로지 정을 나눠주던 형들뿐이었다. 그 정은 버려진 귀철의 삶을 일으켜 준 유일한 영양분이었다. 신생아의 모유처럼 다른 어떤 것들도 그에겐 의미가 없는 것이었고, 형들의 애정과 관심은 그에겐 모든 걸 다 주고 바꿔도 아깝지 않은 최고의 '생강엿'이었다.

상계동 철거촌 함석지붕 위로 저녁노을이 유독 빨갛게 동네를 물들이던 날, 귀철의 엄마는 집을 나갔다. 집을 나가기 며칠 전, 엄마는 누나와 귀철에게 입힐 옷을 준비해서 일찍 집엘 들어왔다. 당시 기억으로는 새 옷이었겠지만 지금 생각해 보면 엄마가 어디서 얻어 가지고 온 티셔츠 같은 옷이었던 것 같다. 옷을 살 돈이 있다면 쌀이나 반찬을 샀을 터이다. 자식들에게 예쁜 옷을 입힌 엄마는 기분이 좋았는지 콧노래까지 부르며 부엌에 나가서 밥을 짓기 시작했다. 며칠 전 엄마가 일하는 곳에서 어떤 분이 사주셨다면서 돼지고기를 가져왔었다. 멀건 김치 죽만 먹다가 돼지고기가 둥둥 뜬 김치찌개를 먹는 기분이 어찌나 좋은지 그릇까지 다 핥아먹고 있는데 그 일이 또 시작되었다. 차라리 술이 만취가 되면 아버지는 말이 없어지지만, 취기가 오르면 우선 말로 주변 사람들을 괴롭히는 사람이었다.

"어떤 놈 앞에서 무슨 짓을 했길래 이딴 고기를 다 사 와?"

밥상을 앞에 놓고 다짜고짜 훅 들어오는 아버지의 말은 질문이 아니라 그냥 단정이었다.

"무슨 짓을 하긴 뭘 해요. 일하느라 손톱이 다 빠질 지경인데…
어떤 놈하고 시시덕거릴 시간이라도 있으면 좋겠네."

엄마의 이 대답이 화근이었다. 일단 아버지는 지난번에 재떨이를 던져 얼룩진 자리에 정확히 다시 소주병을 던졌다. 던지는 힘이 약해서 깨지지는 않았지만 일단 공포의 서막으로는 충분했다.
"이 미친년이! 어디서 남편한테 꼬박꼬박 말대꾸야! 너 때문에 내 인생 개판 됐어. 내가 너랑 사느라 하고 싶은 거 다 못 하고 돈도 못 벌고… 다 재수가 없어서야."

어린 귀철이 들어도 이해가 안 되는 말이었다. 귀철이 보기에 아버지는 원래 하고 싶은 일이 없던 사람이었다. 큰아버지가 같이 벼라도 베자고 낫을 쥐어주면 그 낫을 팔아서 술을 마시던 사람이었고, 자신의 몸을 팔아서라도 술을 마실 수 있다면 당장이라도 그럴 사람이었다. 자기가 마신 술병을 모아서 다시 술을 바꾸어 먹는 일이 그가 가진 유일한 경제관념이었다. 그런 사람이 엄마 때문에 인생이 개판이 되다니? 이미 그의 인생은 한 번도 사람의 범주로 들어와 본 적이 없던 양반이었다.

아무튼 엄마의 대담한 반격을 필두로 두 사람 사이엔 또 싸움이 시작된다. 아니 싸움이라는 말은 어폐가 있다. 아버지의 일방적인 구타와 엄마의 입에서 나오는 처절한 비명으로 일관된 싸움일 뿐이다.

"날 죽여! 차라리 죽이라고! 너 같은 인간이랑 이렇게 사느니 차라리 죽고 말지!"

평상시보다 좀 더 강하다 싶은 엄마의 대응이라 느끼는 순간 아버지가 소반을 뒤집어엎었다. 보통은 엄마가 아버지에게 맞고 '밤탱이' 눈이 되어 잠에 든다. 새벽녘이 되어 술이 얼추 깬 아버지가 엄마에게 잘못했다고 말하기도 한다. 엄마는 그 죽일 놈의 인정 때문인지 아니면 진심 아버지의 사과를 받아들인 건지는 모르지만 퍼레진 얼굴에 파운데이션을 철떡철떡 발라 감추고 아무 일도 없었다는 듯 다음날 다시 일을 나가곤 했다. 그런데 그날은 달랐다. 뒤집힌 소반을 다시 한번 엄마가 집어 던졌다. 먹기도 아까운 돼지고기 김치찌개가 사방으로 튀면서 벌겋게 방바닥을 물들였다.

"이 년이 제대로 미친 거냐!"

갑자기 벌떡 일어선 아버지가 방문을 열고 부엌 도마에 있던 식칼을 집어 들었다. 좀 전까지는 늘 보던 일일 드라마였다면 이젠 처음 보는 공포영화였다. 식칼이라니. 엄마, 귀철, 누나 모두 공포에 휩싸였다. 아버지는 식칼을 들고 난동을 넘어 거의 광란의 춤을 추고 있었다. 칼을 빼앗으려고 다가갔다가 오히려 얼굴을 긁힌 엄마의 비명과 두 아이의 울음소리를 듣기라도 했는지 근처에 살고 있던 외할머니가 달려왔다. 아버지는 눈에 뵈는 게 없었다. 이미 이성이 마비된 아버지의 손에 들린 칼이 외할머니 손가락에까지 상처를 입혔다. 어떻게 그날 저녁의 사건이 무마되었는지 귀철의 기억에는 없다. 그저 모든 게 무성영화의 한 장면 중에서 슬로비디오처럼 느리고 천천히 현실이 아닌 장면으로 귀철의 마음에 각인되어 있을 뿐이다.

어쩌면 무서웠던 기억과 사람 같지 않았던 아버지의 그 모습을 모조리 한꺼번에 지워 버리고 싶었던 것인지도 모르겠다. 엄마의 상처와 할머니의 손에서 뚝뚝 떨어지던 빨간 피 그리고 방바닥에 흥건했던 빨간 김칫국물이 지금도 가끔씩 선명한 기억으로 떠오를 때가 있다. 그만큼 그날의 일은 일곱 살 어린 소년에겐 너무도 큰 충격이었다. 아버지는 그 붉은 피들이 안 보이는지 난동을 부리다 지쳐 울기도 하고 비명을 질렀다. 그리고 술에 취한 사람들이 그러듯 혼자 중얼중얼거리다 바닥에 고꾸라져 잠이 들었다.

그 일이 있고 난 후 며칠 되지 않던 어느 날이었다. 엄마의 오른쪽 뺨에 파스만 한 반창고가 붙어 있던 걸 귀철은 생생하게 기억한다. 곤로에서 고소한 갈치도 한 마리 구워졌다. 지금은 갈치가 비싼 생선이지만 예전엔 갈치도 서민 생선이었다. 그런 갈치를 먹어보지 못했던 귀철은 갈치의 부드럽고 뽀얀 살점이 얼마나 고소한지 그날 처음 알았다. 어머니는 아무런 말도 없이 갈치를 굽고 나물을 무치고 된장찌개도 끓여 귀철과 누나에게 이른 저녁을 차려주었다. 아버지는 없었고 집에는 세 식구뿐이었다. 엄마는 그저 아들과 딸이 밥 먹는 걸 물끄러미 보고만 있었다.

오랜만에 기분 좋은 저녁이었다. 오랜만에 배도 부르고 막 TV에서 권투 중계를 한다고 해서 귀철은 텔레비전이 있는 좀 떨어진 친구 집으로 중계를 보러 갔다. 중계가 시작되는 시간에 늦을까 봐 숟가락을 던지고 신발도 신은 둥 마는 둥 하고 달려가는 귀철 눈에 막 넘어가는 저녁노을이 신기했다. 며칠 전에 보았던 그 끔찍한 빨간 색과는 완전히 다른 느낌으로 다가오는 예쁘고 붉은 노을빛이었다. 귀철은 어린 마음에 잠시 걸음을 멈추고 그 광경을 바라봤다. '아, 예쁘다. 이렇게만 살면 좋겠다. 엄마가 맛있는 밥을 차려주고, 배가 부르고, 이웃집에 가서 재미난 권투도 볼 수 있다. 그리고 밖에만 나오면 산 그리메 너머로 저렇게 이쁜 하늘도 볼 수 있다. 그리고 결정적으로 좋은 건 집에 아버지가 없다.' 잠깐 딴생각을 하는 사이 이미 권투 경기가 시작된 모양이다. 하지만 그렇게 상계동 산동네의 노을이 그리 곱던 그날 저녁을 끝으로 엄마는 다시는 집에 돌아오지 않았다.

엄마가 집을 나간 후로 술에 취한 아버지는 더 난폭해졌다. 엄마 대신 귀철과 누나한테 손찌검하는 걸로 분풀이했다. 그러다 어느 날 아버지는 엄마를 찾으러 나간다고 헛것을 본 사람처럼 뛰어나갔다. 아버지는 눈이 좋지 않았다. 귀철도 그런 아버지를 닮아서인지 유전 때문인지 눈이 늘 불편했다. 나중에 형편이 좋아지고 나이가 들어 병원에 가서 검사해 보니 '망막색소변성증'이라는 병이었다. 초기에는 야맹증처럼 시작되지만 갈수록 눈의 시야가 좁아져서 앞을 보는 데 문제가 생기는 안과적 질병이다. 그래서인지 조명이 없는 어두운 무대에 올라갈 때마다 귀철은 유독 다른 사람들보다 무대에서의 위치를 찾아가는 게 어려워서 주위 사람의 도움을 받곤 한다.

당시에는 의학의 힘으로 알아낼 수 있던 시절이 아니니 아버지도 그저 술 때문에 눈이 나빠지고 있다고 생각했던 것 같다. 가뜩이나 눈도 안 좋은 아버지는 어두운 바깥을 헤매다 어느 날은 도랑에 빠져 지나가는 사람에게 구조되어 집으로 돌아오기도 했다. 엄마가 없는 집은 말 그대로 지옥이었다. 아버지의 술주정은 점점 더 심해지고, 어디서 구해왔는지는 알 수 없는 고기 근수를 재는 쇠 저울로 누나를 때렸다. 머리가 깨져 피를 철철 흘리는 누나를 이웃 어른들이 발견해서 병원으로 데리고 갔을 때에도 귀철은 울지 않았다. 그냥 이 모든 게 무대에서 일어나는 연극이었다. 어린 마음에도 사람이 이렇게 산다는 건 말이 안 되는 거였다. 이럴 수는 없는 거였다. 병원에 갔다 돌아온 누나는 다음날 학교 교문 앞에서 귀철을 기다리고 있었다.

"귀철아. 우리 엄마한테 가자."

엄마라는 말에 눈이 번쩍 뜨인다.

"엉? 누나. 엄마 어디 있는지 알아?"

"응. 어제 병원에서 머리 꿰매는데 영기네 아줌마가 그랬어. 엄마 부산에 있대."

어디든 엄마를 찾으러 가야 했다. 찾아가는 길이 아무리 어렵고 겁나고 멀어도 지금 엄마가 없는 지옥 같은 집에 사는 것보다는 나으리라. 엄마는 공부 열심히 하라는 말만 남기고 어린 남매에게 아무런 말도 없이 떠나버렸다. 얼른 가서 만나서 따져 묻고 싶었다.

"누나, 얼른 가자. 부산 어떻게 하면 가는 거야?"

"서울역으로 가면 부산 가는 기차를 탈 수 있대. 그거 타고 부산으로 가서 엄마를 만나면 될 거야."

부산이 어디에 있는지, 어떤 곳인지, 그 넓고 먼 부산을 어떻게 가는지 생각할 시간도 없이 두 남매는 서울역으로 가는 버스에 올라탔다. 누나가 어떻게 마련했는지 버스비도 내고 서울역에 내려서는 풀빵도 하나씩 사 먹을 정도의 돈도 있었다. 서울역에서 부산까지 가는 기차표가 얼마였을지는 기억이 나지 않는다. 분명한 건 열 살도 안 된 가난한 집안의 어린 남매가 그만 한 돈이 있을 리 만무했다. 역무원 아저씨가 안 보는 틈을 타서 개찰구가 개구멍인 양 기어들어 가는 방법 이외에는 답이 없었다.

"누나, 어떻게 해?"

"일단 몸을 숙이고 저쪽 아래로 기어들어 가자. 공짜로 가자는 거 아니야. 엄마 만나면 돈 달래서 차비를 나중에 내는 걸로 하자. 너 잘 따라올 수 있지?"

무모한 남매의 부산행은 당연히 실패로 끝났다. 엄마를 만날 수 있다는 부푼 마음에 누나를 따라나섰는데 결국 역무원에게 걸려 야단을 맞고 집으로 보내져야 했던 귀철은 그날 난생처음 누나에게 '땡깡'이라는 걸 부려봤다. 엄마한테 데려다 달라고 울며 떼쓰며 걷다가 잘 보이지 않는 눈 때문에 계단에서 굴러떨어졌다. 너무 아팠다. 귀철은 바닥에 엎어진 김에 내쳐 울었다. 그냥 엉엉 소리를 내며 통곡했다. 귀철의 기억으로 태어나서 그렇게 큰소리로 오래 울어본 게 처음이었던 것 같다. 까진 무릎이랑 팔꿈치가 아픈 건지 아니면 엄마를 어쩌면 다시 볼 수 없을지도 모른다는 절망감이 그를 울음으로 내몬 건지, 지금도 정확히 어떤 감정인지 기억나지 않지만 그날 많은 울음을 쏟아낸 이후로 귀철은 잘 울지 않는 아이가 되었다. 울지 않겠다고 결심해서가 아니었다. 눈물을 쏟고 울음을 내뱉을 진짜 용기가 없었을지도 모르겠다. 살아야 했기에 시끄럽게 울다가 누군가의 눈 밖에 나서 지금 붙잡고 있는 얇은 끈이 끊어지기라도 하면 어쩌란 말인가 하는 생각에.

　서울역 사건 이후 귀철은 누나조차도 볼 수 없게 되는 비극을 맞이한다. 당시 아홉 살 누나를 아버지가 남의 집 수양딸로 보내버린 것이다. 귀철을 돌봐야 한다는 생각에서인지 어린 누나 정숙은 남의 집 수양딸로 가지 않겠다고 울며 완강하게 버텼다. 하지만 어린 딸의 의견 따위는 중요하지 않았다.

　"학교도 보내주고 귀여움도 받을 거인디 왜 안 가겠다고 지랄이여, 지랄이!"

 두려워 우는 어린 딸을 달래는 게 아니라 윽박지르며 때려서 짐을 싸게 하는 아버지는 사람이 아니었다. 할 수 없이 짐 보따리를 싼 누나는 혼자 남을 동생 걱정 때문인지, 생판 모르는 남의 집에 살러 가야 하는 걱정 때문인지 밤새 훌쩍이며 뒤척였다. 다음날 누나는 귀철 손에 동전 몇 개를 쥐어주고는 모르는 아저씨 손에 이끌려 뒤도 못 돌아보고 집을 떠났다. 그날 저녁 아버지는 돼지 머릿고기를 안주 삼아 소주를 마셨다. 나중에 알게 된 일이지만 누나는 어느 집에 수양딸로 간 게 아니라 식모로 팔려 간 거였고, 아버지는 누나의 첫 달 월급을 미리 받아 자기의 술배를 채운 거였다.

 세상에서 지옥보다 더 나쁜 곳이 있다면 그게 바로 집이라고 귀철은 늘 생각했다. 누나가 있던 집은 그나마 견딜 만한 지옥이었다. 이젠 눈물 닦아줄 누나도 없이 무섭고 싫기만 한 주정뱅이 아버지와 단둘이 있는 공간은 지옥보다 못한 곳이었다. 잠자리엔 이와 벼룩이 끓었고, 아버지가 안주로 먹다 남은 김치 찌꺼기엔 파리와 바퀴벌레들이 득실거렸다. 밤에 잠을 자려고 누워 있으면 천장으로 쥐들이 앞다투어 지나가는 소리가 달그락달그락 들려왔다. 아침에 일어나 양동이에 어제 받아놓은 수돗물이라도 마시며 밤새 주린 배를 달랠라치면 밤새 돌아다니던 반들반들하고 새까만 눈동자의 쥐란 놈이 귀철보다 먼저 와서 물을 마시고 있었다. 가슴 속에 응어리가 목구멍으로 마치 치약 짜듯이 쏟아져 나온다. 귀철은 물을 폈던 바가지를 바닥에 내동댕이치면서 소리를 지른다.

"에잇, 씨발, 거지 같은 쥐새끼가!"

바가지 깨지는 소리가 커서인지 아버지가 듣고 부엌문 밖을 내다본다. 아직 숙취에서 깨지 않은 벌건 눈으로 아들을 노려보는 아버지의 입에서 구역질 나는 썩은 술 냄새가 확 풍겨온다.

"어린놈이 아버지 앞에서 어디라고 욕지거리야!"

아버지는 다짜고짜 귀철 귀를 잡아당겨 안으로 끌고 들어온다. 또 시작이다. 어린 귀철은 반항할 틈도 없이 아버지에게 어디랄 것도 없이 흠씬 두들겨 맞는다. 아버지는 자기가 붙잡고 두들겨 패는 아이가 자기 아들이라는 걸 알고는 있었을까? 자기를 그 모양으로 낳은 부모에 대한 저주인지, 식구들을 버리고 집을 나가버린 아내에 대한 원망인지, 세상에 대한 복수인지 알 수 없는 욕을 하며 아버지는 어린 아들을 마구 때리며 패대기를 쳤다. 별로 아프지는 않았다. 술만 마시느라 몸은 말라비틀어진 아버지의 팔뚝에 힘이 남아 있지 않았다. 맞아도 아프지도 않았다. 그냥 멍하게 그 매를 맞았다. 예전 같으면 누나가 아버지 팔을 잡고 있는 틈에 맨발로 도망이라도 갔으련만, 이제 귀철 옆에는 도와줄 이가 아무도 없었다. 왜 자기가 그렇게 살아야 하는지, 어디로 도망을 가야 하는지 알 수가 없었다. 나침반도 없이 끝없이 눈 쌓인 벌판에 혼자 덩그러니 버려진 자신의 처지가 어떤 것인지 어린 일곱 살 나이의 아이가 깨닫기는 쉽지 않았다.

아버지는 그렇게 자기 분풀이를 실컷 하고는 다시 잠이 들었다. 그르렁그르렁 코까지 골며 뭐라고 하는지 계속 잠꼬대 같은 욕을 하며 자는 아버지를 보며 귀철은 슬그머니 방을 나온다. 콧물이 나오나 싶어 팔뚝으로 쓰윽 문지르자 피와 콧물이 함께 묻어난다. 코피가 난 건지, 어디가 깨진 건지 궁금하지도 않다. 그저 배가 고플 뿐이었다. 아침에 일어나 물 한 모금도 못 마시고 얻어맞고 난 뒤라 마음속 분노와 서러움보다는 배고픔이 더 크다는 게 신기할 따름이다.

쌀 넣어 두는 항아리를 열어보니 쌀은 바닥을 보이고 있었는데 맨 아래에 라면이 한 봉지 들어 있다. 누나가 예전에 가끔씩 라면을 사다가 거기다 숨겨 놓았었다. 다 먹은 줄 알았었는데 쌀 밑에 숨어 있던 하나가 남아 있었던 모양이었다. 바가지도 깨졌고, 냄비도 팔아먹었다. 비쩍 마른 석유곤로를 켜봐도 불이 붙지 않는다. 석유가 떨어진 지는 꽤 오래된 거 같다. 뭘 끓여 먹은 게 언제였는지 기억도 잘 나지 않는다. 귀철은 라면 봉지를 품에 안고 집을 나선다. 다들 학교에 간 모양이다. 아침에 두들겨 맞는 와중에도 같은 반 신남이 녀석이 집안을 기웃거리던 게 보였었다. 오늘 아침 일찍 운동장에서 구슬치기를 하기로 했었는데, 귀철이 나타나지 않자 데리러 온 모양이었다. '학교가 다 뭐람.

무슨 소용이야.'

　귀철은 학교로 가지 않고 동네 뒷산으로 올라간다. 짧고 가파른 길이지만 조금만 올라가면 수락산 줄기 한쪽 어디쯤 야트막한 동산에 오를 수가 있다. 거기에 혼자 올라가 휘파람을 분다. 엄마가 있다는 부산 쪽도 한 번, 누나가 있다는 답십리 어디쯤을 향해서도 한 번씩. 그러면서 언젠가는 꼭 엄마랑 누나를 만날 거라는 희망을 키웠다. 서울은 하루하루가 달라 보였다. 길고 높고 빼곡하게 무리를 지어 아파트라는 게 마치 적진을 향해 진군하는 군사처럼 한발 한발 다가오는 것 같다. 어제는 없던 건물이 오늘 세워지거나 어제는 안 보이던 타워 크레인 같은 기중기들이 시야를 가득 메웠다.

　나중에 알게 된 일이지만 그가 살았던 상계동 중에서도 귀철이 살던 흙으로 만든 움막집은 '가시권 우선 정비'라는 명목으로 싹 밀어내야 할 첫 번째 대상이었다. 올림픽 성화가 그리로 지나간다고도 했고, 얼마 있으면 이 동네 사람들 모두 쫓겨나게 될 거라는 어른들의 웅성거리는 말도 들려오곤 했다. 산동네 언덕 위에 앉아도 새소리, 바람 소리 대신 뚝딱뚝딱 하는 4호선 지하철 공사장 소리만 크게 들리던 그런 시절이었다. 어린 귀철은 그런 말들이나 어른들이 쉬쉬하며 믿고 싶어 하지 않던 얘기들에 관심이 없었다. 그냥 오늘 하루 배가 부르고 싶었다. 아니, 배가 고프지 않고 싶었다. 손에 든 라면 봉지를 뜯어 꼬불꼬불한 면 하나씩을 꺼내 입에 넣고 천천히 불려 가며 먹어야지 하며 아껴 먹기 시작했다. 그러다 배고픔이 자제력을 이기지 못하고 입에 털어 넣고는 와드득 와드득 씹어 먹는다. 고소한 라면과 스프 맛 속에 피 맛이 섞인 걸로 보아 입 안 어딘가가 터진 모양이다. 터져서 아픈 건 아무렇지도 않다. 피 맛 때문에 이 맛있는 라면의 맛을 온전히 느끼지 못한다는 게 짜증이 난다. 마지막 남은 라면을 털어 넣고 우물우물 씹다가 갑자기 귀철은 울음을 터뜨린다. "엄~~마! 어~~엄마!"

배가 고파도 행복하면 버틸 수가 있었을 거다. 가난해도 엄마가 있었다면 살 수 있었을지 모르겠다. 집에서 쫓겨난다 해도 가족이 서로 보듬어 준다면 거리에서 노숙해도 사는 게 무섭지 않았을지 모르겠다. 날마다 동네 담벼락에는 빨강, 파랑 페인트로 철거를 반대한다는 글씨가 생겨났다. 머리에 헬멧을 쓴 아저씨들이 떼로 우르르 와서는 동네를 돌아보고 돌아가곤 했다. 1979년 대통령 시해 사건 이후, 매일 저녁 뉴스의 첫머리를 장식하던 그분이 대통령이 되고 나서 많은 일들이 일어났다고 한다. 이웃집 대학생 형이 군대로 끌려가 쥐도 새도 모르게 죽임을 당했다는 말도 들려왔다. 그런 것들 따위는 하나도 무섭지 않았다. 귀철은 집에 자기 편이 되어줄 엄마와 누나가 없다는 사실이 더 무서웠다. 가끔씩 빵과 과자를 들고 동네를 찾아와서 아이들에게 공부도 가르쳐 주고 했던 대학생 형, 누나들이 있었다. 그들이 돌아가고 난 다음 날 학교에 가면 같은 반 준호 녀석이 늘 아이들을 모아놓고 말했다.

"어제 왔던 그 형들, 다 빨갱이래. 북한에서 온 간첩이래."

"누가 그래?"

놀라고 겁난 아이들이 저마다 물으면 준호는 더 의기양양해서 말을 덧붙인다.

"형들이 주고 간 과자 있잖아. 그 안에 사실은 뭐가 들어 있대. 우리가 그걸 계속 받아먹고 그러면 우리도 언젠가는 빨갱이가 되는 거라고 그랬어, 아빠가."

그런 말을 하는 준호 입에서도 아침에 집에서 먹고 온 찐한 갈치 냄새가 났다. 엄마가 구워준 그날 이후 더 이상 맛볼 수는 없었지만 그 냄새는 기억하고 있었다. 말도 안 된다면서 "에이~" 하고 돌아서는 아이들 중에 몇몇은 등골이 서늘했다. '숙제도 같이 도와주고, 재밌는 노래도 가르쳐 줬던 대학생 미숙이 누나가 공산당? 뿔 달리고 도깨비 같고 사람을 막 죽이고 그런다는 공산당이라니.'

귀철은 그따위 것은 아무 상관이 없었다. 일주일에 한 번이라도 방과 후에 아버지 아닌 다른 사람들을 만나는 게 좋았다. 북에서 온 간첩들이 그런 사람이라면 아버지는 북에서 온 간첩보다 못한 사람이었다. 대학생 형, 누나들은 특히 귀철을 귀여워했다. 형, 누나들 근처에서 다른 아이들보다 더 많이 알짱거렸다. 귀철은 아버지와 다른 어른이 자기 이름을 불러주는 게 신기하고 좋았다. 머리는 맞는 용도로만 있는 게 아니라 쓰다듬고 어루만지기 위해서도 있을 수 있다는 것도 그때 알았다. 누나, 형들은 귀철에게 껌도 주고 라면땅도 주고 사탕도 주었다. 상계동 귀철의 동네에 사는 중학생 형, 누나들에게 영어도 가르쳐 주고 숙제도 돌봐준다고 들었다. 그런 사람들이 어떻게 공산당이고 간첩일 수가 있다는 건지 도무지 이해할 수가 없었다. '그렇게 맛있는 껌을 씹게 해주는 형들이? 그토록 달콤하고도 시원한 눈깔사탕을 먹게 해주는 누나들이?' 귀철은 나이 오십 줄에 들어선 지금도 껌을 씹거나 사탕을 먹게 되면 반사 작용으로 '무찌르자 공산당'이라는 노래 가사가 떠오른다. 그때마다 어이없는 미소를 짓게 되지만 어릴 때 각인된 기억들이 그렇게 오래 남는 건 참으로 신기한 체험이었다.

그렇게 마을 공동화장실을 써야 하고 난방도 안 되는 집에서 끼니를 먹기보다는 건너뛰는 일들이 잦았던 서울살이도 그나마 끝낼 수밖에 없었던 건 88올림픽 때문이었다. 서울에 판자촌을 둔 채 올림픽을 개최해서 외국인들에게 서울의 민낯을 보일 수 없다는 정책 때문에 쫓겨나야 했던 귀철 가족이 쏘아 올린 작은 공은 다시 고향 연천으로 날아갈 수밖에 없었다. 어느 날 아버지가 귀철에게 말했다.

"이사 가야겠으니 짐을 챙겨라."

동장이랑 반장이 왔다갔다하면서 아버지랑 얘기를 나누는 걸 보기는 했으나 그런 결론이 났다는 건 전혀 몰랐다. 아버지는 지겨운 상계동을 뜨겠다고 했다. 귀철이 아쉬운 건 그저 앞으로 누나, 형들에게 얻어먹지 못하게 되는 과자와 빵뿐이었다. 입고 있는 옷으로는 좀 춥다 싶어 보따리 속에 들어 있던 옷가지를 한두 가지 더 꺼내서 껴어 입고 이삿짐 트럭에 올라탔던 것으로 보아 귀철이 기억하는 상계동을 떠난 시기는 겨울로 접어들기 직전의 늦가을이었던 모양이다. 이미 마을을 떠난 사람들이 많았고 귀철이 떠날 때는 그나마 배웅을 해주는 사람도 없었다. 그냥 엄마와 누나와 살던 곳이었다. 넷이 올라와 둘만 남아 이곳을 떠나게 되었는데도 아버지는 웬일로 기분이 그다지 나쁘지 않아 보인다.

"다시 고향으로 가는 거다. 너 태어난 연천으로 가는 거야. 거기에 큰아버지도 있어. 서울이라면 지긋지긋해. 거지 같은 동네. 속이 다 후련하다. 너도 가서 공부 열심히 해. 아버지도 가면 농사 좀 짓고 지금처럼 배고프지 않을 거다. 집 내주고 받은 보상금도 있으니까 그걸로 연천에 집도 살 거다."

태어나서 처음이자 마지막으로 들어본 아버지의 희망적인 얘기였다. 이렇게 말을 많이 하는 아버지를 본 적이 없었다. 무섭고 싫은 아버지와 함께였지만 '고향'이라는 말이 어쩐지 푸근하고 친근했다. '고향에 가면 지금보다는 배가 덜 고프지 않으려나. 고향에 가면 아버지는 자기가 좋아하는 곳이니 술을 덜 마시고, 나를 좀 덜 때리지 않으려나. 지금 상계동의 추운 흙집 말고 방구들이 따뜻하고 번듯한 집에 살 수 있으려나.' 어린 귀철 마음에 떠오르는 희망이었다. 연천으로 가는 트럭 안에서도 아버지는 술을 마시지 않았다. 흔하지 않은 풍경이었다.

3

폭력이 일상이었던 고향,
경기도 연천

그렇게 상계동을 떠나 귀철 부자는 대광리라는 곳에 정착하게 된다. 예전에 아버지 고향이었던 내산리는 이미 군부대로 바뀌어서 일반인이 살 수가 있는 곳이 아니었기 때문에 가까운 대광리로 살 곳을 정했다. 아버지 말은 틀리지 않았다. 큰아버지도 있었고 보상금도 있었다. 게다가 살 집도 있었다. 하지만 지독하게도 말을 듣지 않고 술만 마시는 아버지를 큰아버지는 이미 버린 지 오래였다. 보상금이 있었지만 아버지는 그걸로 농사라도 지을 땅이나 집을 사는 데 쓰지 않고 오로지 술값을 지불하는 데 모조리 써버렸다. 결국 처음 내려가서 살았던 집에서 쫓겨나고 쫓겨나고를 되풀이하다가 결국 어떤 할아버지, 할머니가 살고 있는 집의 문간방을 사정해서 얻어 더부살이를 하게 되었다.

처음 도착했던 때는 겨울을 맞이하는 시기였으니까 그 추운 연천의 땅들도 이미 다 얼어 있었다. 아버지는 봄이 되면 땅뙈기를 살 거라고 했고, 그때쯤 되면 농사도 짓고 풀도 뽑을 수 있을 거라도 했다. 하지만 그건 다 허망한 얘기뿐이었다. 이사 온 첫날부터 아버지는 또 술을 마셔댔다. 생활보호대상자니까 나라에서 돈도 쌀도 줄 거라고는 들었지만 그 돈은 늘 마을 구멍가게에서 술값으로 탕진했다. 받은 정부미 역시 돈 대신 갚아야 하는 술값으로 쓰일 뿐이었다.

안채에 살고 있던 할아버지, 할머니는 안쓰러워서인지 귀철을 많이 귀여워했다. 아버지가 술 마시고 난동이라도 부릴라치면 얼른 안채로 불러들여서 숨겨주곤 했다. 숨겨만 준 게 아니라 따끈한 시래기국에 밥을 말아 주기도 했다. 언제부터인가 아버지가 술 마시고 좀 더 자주 때리면 그때 불쌍한 얼굴로 주인 할머니 집에서 밥을 더 자주 얻어먹을 수 있지 않을까 생각할 정도로 시래기국밥은 맛있었다. 정신없이 국에 코를 박고 밥을 먹고 있을라치면 할아버지, 할머니는 귀철의 정수리를 쓰다듬으시며 "에고, 불쌍한 것. 에고 불쌍한 것." 하며 안타까워했다. 귀철은 눈치로 치면 거의 9단이었다. 가능한 한 더 불쌍하게 보여야 했고, 더 배고프게 보이는 건 잘할 수 있었다. 동네 할아버지들이 귀철을 보고 웃는 게 귀엽다고 하면 그다음엔 무조건 그들만 보면 헤헤거리며 웃었다. 그러면 밥과 국을 얻어먹을 수가 있었다. 냉기 가득한 구들방에서 추위에 벌벌 떨었지만, 할아버지네 집 안방에 들어오면 바닥이 뜨끈했다. 얻어먹는 밥도 아까워서 천천히 먹었지만, 그 방바닥의 훈기에 조금이라도 몸을 오래 녹이고 싶어 밥알을 세면서 천천히 천천히 밥그릇을 비우곤 했다.

어느 날, 아버지는 늘 그렇듯 술을 마시고 없는 이유를 만들어 귀철을 때렸다. 얼른 할아버지 집 안방으로 도망친 귀철을 따라 아버지가 할아버지 집 안방까지 쫓아 들어왔다. 그때 아버지의 구타를 더 이상 보고 있을 수 없던 할아버지가 아버지에게 그만 좀 하라고 잔소리 한마디 한 게 화근이 되었다.

"어디다 대고 나한테 이래라 저래라야, 영감탱이가. 내 아들 내가 팬다는데 당신이 왜 뭐라 그래!! 내 이놈의 집을 불살라 버리고 말텨."

할아버지의 멱살을 잡고 당장이라도 지붕에 불을 놓기라도 할 듯 서슬 퍼런 아버지의 난동에 식겁한 할아버지, 할머니는 밤새워 잠을 못 자고 오들오들 떨다가 다음날 까먹은 보증금에 얼마를 보태 주며 아버지에게 나가라고 통보했다. 술을 마시면 세상에서 제일 무섭고 뵈는 게 없이 날뛰는 아버지였지만 술기운이 떨어지면 완전히 다른 사람이었다. 더 살게 해달라고 싹싹 빌어봤자 소용이 없었다. 그나마 귀철에게는 보호자 아닌 보호자들과의 또 한 번의 이별로 기억되는 날이었다.

그 겨울 엄동설한에 아버지와 귀철은 또 다른 집을 구해서 이사를 떠났다. 가까이에는 소문이 나서 더 이상 집을 내어주는 곳이 없었다. 트럭도 없이 그나마 이사 와서 처음 장만한 텔레비전과 쌀통마저 다 팔아먹고는 괴나리봇짐 같은 옷가지 몇 개를 챙겨서 옆 동네로 이사하던 날은 휴전선 가까운 연천답게 매서운 칼바람이 씽씽 불었다. 귀철의 얼굴이 터져서 조금만 건드려도 긁혀 피가 나는 데다가 그 위를 때리며 스며드는 바람이 덕지덕지 얼굴에 딱지를 만들었다.

2학년을 마치지 못하고 이사를 와서 학교를 다니지 못했던 귀철은 이듬해 3월, 3학년으로 입학하게 되었다. 공부하러 학교에 다닌 건 아니었다. 그냥 또래 아이들이 그 시간이면 다 학교에 가니까 간 것도 있었지만, 학교에 가 있을 때만큼은 아버지와 함께 있지 않아도 되었다. 한두 명씩 친구도 생겼다. 날이 풀리면 들로 산으로 쏘다니며 진달래도 따먹고 개구리도 잡아먹을 수 있어 배가 덜 고파서 좋았다. 논농사를 시작하는 철이 되면 입에 들어오는 건 없어도 뭔가 먹을 수 있으리라는 기대가 있었다. 다른 집 아버지들은 죄다 논밭에 나가 일을 하고 엄마들은 새참을 나르는데, 귀철 아버지만큼은 일하는 법이 없었다.

다들 '귀철 애비 저거 저거' 하면서 무시했지만 귀철만큼은 어른들의 귀여움을 듬뿍 받았다. 잘 웃고 인사를 잘했다. 몸이 재서 어른들이 뭐라도 심부름을 시킬라치면 말이 끝나기도 전에 발동기를 단 것처럼 달려가 심부름을 잘 해냈다. 그렇게 찐 감자도 얻어먹고 고구마에 옥수수를 얻어먹으며 귀철은 그나마 다행이라고 생각했다. 적어도 이 동네는 상계동 시절처럼 너무 척박

하고, 무섭고, 외롭지만은 않았던 것 같다.

그러던 어느 날, 누나가 돌아왔다. 꿈에 그리던 보고 싶던 누나였다. 전화도 거의 없던 시절에 어떤 경로로 어떻게 집을 알고 찾아오게 되었는지 경위는 알 수 없었다. 혼자 집에 돌아온 누나와 아버지가 나누던 대화로 어림짐작을 해 보면, 누나가 살고 있던 집주인이 누나가 자랄수록 더 심하게 부려먹으면서도 돈은 주지 않았던 모양이다. 아버지가 돈을 받아 가곤 했었는데, 어느 날부터인가 아버지에게도 더 이상 돈을 주지 않게 되었다. 그들의 논리대로라면 누나는 그들의 수양딸이니 아버지에게 돈을 줄 의무가 없다고 잡아뗐던 것이다. 아버지는 딸을 구해올 노력도 마음도 없이 금방 포기를 하고 누나를 버렸다. 말은 수양딸이지만 식모였던 누나는 집안일이 너무 힘들어 어느 날 과감하게 탈출을 시도했던 모양이다. 책 보퉁이를 공 삼아 발로 툭툭 차면서 집으로 오는데 동네 어귀에서 누군가 귀철을 불렀다.

"귀철아!"

꿈인지 생시인지 싶어 멍하니 누나 얼굴을 보고 서 있는 귀철을 누나는 와락 안으며 보고 싶었다고 말했다. 그렇게도 생각나던 누나였다. 하지만 귀철은 반가운 마음보다 혹시 누나가 서울에서 먹을 걸 사 왔거나 돈을 갖고 오지 않았을까 하는 기대부터 먼저 했다. 아버지 역시 같은 생각이었는지 처음엔 누나를 반가워했던 것도 같다. 하지만 며칠 되지 않아 아버지의 입에서는

"아무짝에 쓸모없는 년. 밥만 축내는 년."이라는 말만 되풀이될 뿐이었다.

아침이면 배는 고팠지만 누나가 끓여주는 강냉이죽 같은 걸 먹고 학교를 같이 갈 수 있었다. 학교에 가면서 누나가 백일홍이며 개망초 같은 여름꽃 이름도 알려주었다. 누나는 귀철과 몇 살 차이도 안 나는데, 늘 엄마 같고 어른 같았다. 방과 후에 갑자기 내린 비를 흠뻑 맞고 집에 돌아올라치면 밀가루를 물에 반죽해서 아무것도 안 들어 있는 찐빵을 쪄주기도 했다. 맛이 있건 없건 좋았다. 상계동 살 때처럼 배가 고프지는 않았으니까. 찐빵을 아껴 먹으며 마당에 추적추적 내리는 여름비를 보며 누나랑 끝말잇기 놀이를 한다. 자전거, 거미줄, 줄다리기, 기차, 참외 같은 단어들이 등장하면 귀철이 침을 꼴딱 삼키며 말한다.

"누나야. 참외 먹고 싶다."

"야, 기차는 참이 아니라 차야 차. 차고, 차비, 차표…."

"갈치도 먹고 싶다. 엄마 보고 싶다."

갑자기 귀철의 목이 멘다. 누나도 덩달아 같은 마음이 들었는지 한동안 대답을 하지 못한다. 정말 엄마가 '너~어무' 보고 싶었다.

사실 엄마가 집을 떠나고 나서 몇 달쯤 후에 귀철과 누나는 엄마를 만나기는 했었다. 어떻게 누가 연락했는지는 기억나지 않는다. 다만 누나 손을 잡고 동네 골목 시장 어귀 어디쯤에서 낯선 아저씨에게 이끌려 무슨 폐건물 같은 데로 들어갔던 게 희미하게 기억날 뿐이다. 철거가 시작되기 전이라 사람들이 살지 않는 오래된 건물은 낡고 음침했고, 여기저기 빈병과 쓰레기 같은 것들이 굴러다녔다. 게다가 괴상한 지린내 같은 냄새가 진동하는 곳이었다. 거기 한 모퉁이에서 엄마가 나타났다. 엄마와 헤어진 지 오래되지도 않았는데 이상하게 귀철은 엄마 얼굴이 전혀 떠오르지 않았었다. 엄마 목소리, 세수를 시켜주며 코를 풀어주던 엄마의 손길과 목소리는 기억하겠는데 엄마 얼굴은 그려 보려고 해도 도무지 머릿속에 그려지지가 않았었다. 그런데 거기에 엄마가 있었다.

"엄마~!"

귀철은 와락 엄마의 품에 안겼다. 다시는 떨어지지 않으리라. 엄마가 자기를 두고 어디로 가버렸다는 게 믿어지지 않았다. '그럼 그렇지. 엄마가 날 버리고 갈 리가 없어. 데리러 올 줄 알았어.' 귀철은 엄마랑 떠난다면 집이고 학교고 모두 다 상관이 없었다. 그런데 엄마는 차분히 귀철을 떼어놓으며 두 손을 잡는다. 한참을 그렇게 귀철과 누나를 번갈아 바라보며 얘기했다.

"엄마가 미안해. 잘 살아야 된다. 공부 열심히 하고. 잘 지내고 있으면 이다음에 엄마가 데리러 올게. 돈 많이 벌어서."

그렇게 말하더니 500원짜리 동전을 두 개 꺼내서 누나와 귀

귀철의 고향 경기도 연천에서 찍은 사진도 거의 없다.
대광초등학교 졸업식 때.

철 손에 쥐어주었다.

"이거 갖고 가서 맛있는 거 사 먹어. 귀철이는 누나 말 잘 듣고, 정숙이는 동생 잘 돌봐야 해. 알았지?"

그다음엔 기억이 나지 않는다. 가장 아픈 기억들은 저절로 잊어버리게 되는 본능적 기제가 발동한다고 하던가. 그 기억을 남겨 두면 너무 아파서 살 수가 없을 테니 말이다. 울고불고 매달리긴 했다. 뭐라고 말했는지, 뭐라고 악을 썼는지, 발버둥을 쳤는지 전혀 기억이 나지 않는다. 그냥 엄마와 분리되는 그 느낌만 쓰고, 시리고, 아프게 남겨져 있을 뿐이다. 옆에 서 있던 낯모르는 아저씨 손에 이끌려 뒤도 돌아보지 않고 떠나던 엄마의 뒷모습이 지금도 귀철에게는 인생을 통틀어 가장 슬픈 영상으로 가슴 저 밑바닥에 남아 있는 기억이다.

당시 500원이면 짜장면을 먹을 수 있었다. 한 그릇에 보통 350원쯤 했던 짜장면이었다. 그렇게 울고 눈이 퉁퉁 부어서 가뜩이나 잘 보이지 않던 눈이 더 보이지 않을 지경이었는데도 누나와 귀철은 동네 어귀 중국집에 들어가 엄마가 준 500원으로 짜장면을 사 먹었다. 그때 먹은 짜장면이 지금까지도 기억 속에 있는 가장 맛없는 짜장면이었다. 그날 이후로 귀철은 마음에서 엄마를 버렸다. 다시는 귀철에게 돌아오지 않을 걸 너무 어린 나이에 알아버렸는지도 모르겠다. 그 이후 한 번도 엄마를 생각하며 운 적이 없었는데, 왜 하필 이 대광리 산골에서 엄마와 아무런 연관도 없는 장맛비를 보며 찐빵을 먹고 끝말잇기를 하다가 울어버리게 되었을까? 참외를 말하며 갈치를 떠올리고 갈치를 말하며 엄마를 떠올리는 그 아이러니를 이해할 수가 없었다.

헤어짐도 자주 하면 습관이 되어 더 이상 슬프지 않게 되는 것일까? 한 이년 남짓 같이 살았던 누나는 다시 귀철과 이별해야만 했다. 귀철네가 살던 대광리에서 기차로 한 서너 정거장 지나면 전곡이라는 동네가 있었다. 어느 날 불쑥 아버지는 누나를 전곡에 있는 식당으로 데리고 갔다. 거기서 쟁반에 반찬을 담아 근처에 있는 공장에 갖다주라고 심부름을 시켰다. 이제 막 중학교에 들어간 누나는 그 쟁반을 머리에 이고 공장으로 갔고, 그 사이에 아버지는 식당 주인에게 받은 돈을 챙겨 집으로 돌아왔다. 돌아오는 아버지의 손에 들려 있는 건, 자기가 마실 소주와 안주로 구워 먹을 돼지고기 두 근이었다. 누나는 영문도 모른 채 집에 돌아가지도 못하고, 아무것도 모른 채 식당 일꾼이 된 것이다. 차분하고 얼굴도 예쁘장했던 누나는 식당 음식 배달을 잘했다. 근처에 있는 역무원들과 전화국 같은 데서 점심을 주문하면 부지런한 누나가 쟁반에 담아 머리에 이고 가 배달을 했다. 어리고 착한 누나를 보며 불쌍하다면서 이들 중에서 용돈을 주고 옷을 사주는 어른도 있었다. 그날 이후로 아버지는 술값이 떨어지면 누나가 일하는 전곡으로 가서 식당 주인에게 누나의 월급을 대신 받아오곤 했다. 누나는 그런 아버지가 오는 날이면 자기를 혹시 데려온 게 아닐까 하는 기대감을 품기도 했지만, 아버지는 누나의 바람에는 전혀 관심을 두지 않았다. 그의 눈에 누나는 딸이 아니라 자신의 술값을 벌어다 주는 노동력일 뿐이었다. 식당 주인아저씨가 하도 누나가 불쌍했는지 자기가 수양딸로 키워줄 테니 그만 찾아오라고 했다는데, 아버지는 단박에 거절했다. 남에게 딸을 줘 버리면 자기의 돈줄도 끊긴다는 생각에서였다.

그렇게 딸이 버는 돈으로 술을 사 먹고 철길을 건너 집으로 오던 아버지는 철길 옆 도랑으로 굴러떨어졌다. 아버지는 머리를 크게 다친 채 피를 철철 흘리며 집으로 돌아왔다. 술도 술이지만 밤눈이 어두워 거의 앞을 볼 수 없는 지경에 이르러 그만 발을 헛디딘 것이다. 아버지가 전곡에 갔다가 오는 날이면 술을 더 많이 마시는 날인 걸 아는 귀철은 친구인 병기네 집에 가서 늦도록 집에 오지 않았다. 아버지가 더 취해서 잠들고 난 뒤에 들어가는 게 일신상 편했기 때문이다. 약국집 아들 병기는 귀철과 마음이 잘 통했다. 병기네 집에 가면 달걀 삶은 것도 먹을 수 있고 병기가 모아놓은 만화책이며 게임 카드 등을 구경할 수도 있었다. 어차피 집에 돌아가 봐야 늘 술에 취한 아버지를 만나야 하는 게 끔찍하게 싫었던 귀철은 늘 밖에서 빙빙 돌다가 친구네 집도 갔다가 동네 한 바퀴를 돌기도 하면서 시간을 끌다가 아버지가 잠들 만한 시간에 집으로 들어가곤 했었다. 만취가 되어 아픈 걸 느끼지도 못하는 아버지는 그대로 잠이 들어 있었다. 귀철이 집에 돌아오자, 방에서 비릿한 피 냄새가 진동했다. 아버지는 그때까지도 지혈이 되지 않은 채 누워서 신음을 뱉고 있었다.

"아버지, 아버지!"

흔들어 깨우면서 우선 부엌의 행주를 찢어 상처 부위를 질끈 동여맸다. 어른들이 하는 대로 된장을 상처 부위에 바르면 된다는 생각에 항아리의 된장을 퍼서 머리에 펴 발랐다. 제정신이 아닌 데도 아프다고 고래고래 소리를 지르는 아버지의 상처를 보며 귀철은 생각했다. '이 정도 다쳤으니까 당분간 술은 안 먹겠지. 다행이다.' 그날 아버지는 밤새도록 신음했다. 늦가을이었지만 연천은 추위가 일찍 왔다. 방에 불을 땔 만한 나무도 연탄도 없었다. 그냥 체온을 난방 삼아서 이불을 똘똘 말고 견딜 수밖에 없었다. 한겨울도 아닌데 연료가 있다고 해도 아까워서 땔 수가 없었다. 아버지는 점점 몸을 오그리더니 나중에는 이까지 딱딱 부딪히면서 떨며 계속 잠꼬대를 했다. 잠꼬대라기보다는 신음에 가까운 소리를 냈다. 자세히 들리지는 않았지만 세상에 대한 원망, 엄마에 대한 욕 그리고 간간이 누나의 이름을 부르기도 했던 것 같다. 피는 멈춘 것 같은데 이마를 만져 보니 아주 뜨거웠다. 온몸이 불덩이였다. 바들바들 떠는 아버지를 그냥 추운 냉골에서 자게 할 수는 없었다. 귀철은 이불을 끌어당겨 아버지를 끌어안았다. 아니, 자신이 아버지의 품으로 들어갔다고 하는 게 맞겠다.

"끄응"

아버지가 팔을 뻗어 귀철을 감싸 안았다. 귀철도 아버지에게 밀착해서 그를 꼬옥 끌어안아 본다. 술 냄새, 피 냄새 그리고 저 안쪽 어딘가에 놀랍게도 아버지 냄새가 났다. 놀라웠다. 그에게도 아버지 냄새란 게 있었나? 귀철은 아버지를 더 꽉 안아본다. 조금 전보다 몸이 좀 데워지는 게 느껴진다. 온기, 사람의 온기 그리고 아버지의 온기가 있었다. 이상하게도 귀철은 아버지에 대한 미운 마음이 스르르 녹아 버리는 희한한 경험을 한다. '아버지하고 이렇게 할 수도 있었구나. 그런데 하필 이렇게 해 볼 수 있었던 유일한 날이 다쳐서 피범벅 만신창이 환자가 된 오늘 밤일 게 뭐람.' 문득 귀철은 그날 밤만큼은 어리광 부리는 아들처럼 아빠에게 사랑받는 귀여운 아들처럼 그의 품에 꼭 안겨서 자고 싶다는 생각이 들었다. 귀철이 아버지를 돌볼 수 있는 유일한 사람이란 게 신기했다. 아버지도 귀철을 꼭 끌어안았다.

많은 시간이 지난 후에도, 오랜 시간 나이가 들어 옛 시절을 떠올려 볼 때도 귀철은 그날의 경험을 잊을 수 없다. 지금도 아버지를 생각하면서 가장 좋았던 기억을 떠올리라고 하면 두 가지가 생각난다. 그날 밤 아버지 품에서 잠들었던, 조금은 훈훈했고 알 수 없이 묘했던 그 밤의 기억이 첫 번째이다. 두 번째는 흔치 않기는 했지만 아버지가 기분 좋게 술에 취한 날이다. 그런 날이면 갑자기 술을 마시다 말고 아버지는 노래를 불렀다. 귀철은 박박 긁어먹어 밥풀 하나 남지 않은 밥공기와 술 주발 하나를 엎어 놓고, 두 개를 드럼 삼아 북처럼 두드리며 장단을 맞춰주었다. 밥공기 소리는 꽤 맑고 경쾌했고 술 주발에서 나는 소리는 좀 둔탁했는데, 두 가지 악기는 나름대로 제법 잘 어울렸다. 후에 형들이 귀철이 장구를 치고, 북을 치며, 장단을 맞추고 박자를 잘 다룬다고 칭찬했을 때에도 귀철은 그때 그 시간을 떠올려 본 적이 있다. 아버지라는 사람을 마주보며 웃을 수 있었던 유일한 시간이었다.

"잘한다."

아버지는 밑도 끝도 없이 귀철이 밥그릇 두드리는 소리를 듣고 말했다. 잘한다는 그 말이 귀철에게는 그나마 아버지 옆에서 그나마 몇 년이라도 더 살아야 할 용기를 주었던 유일한 동력이었는지도 몰랐다. 대광리에서 약국집 아들 병기 말고도 태식이란 친구하고도 친하게 지냈다. 태식의 아버지는 근처 군부대로 출근하는 군인이었다. 지금 생각해 보면 태식의 집이 관사였을 수도 있겠다. 그나마 태식 집에는 군대 피엑스에서 가져오는 신기한 물건들이 많았다. 태식네 집 현관 신장을 열면 빨랫비누나 휴지 같은 물건들이 가득 들어 있었다. 물건들이 얼마나 많기에 신장 안까지도 그런 것들을 보관하는가 싶어 신기하게 구경을 하곤 했다. 태식네 집 뒤로 통하는 좁은 샛길을 따라 조금만 빙 돌아가면 군부대 뒷마당으로 들어가는 구멍이 있었다. 귀철은 태식, 병기와 함께 그 뒷마당에서 탄피 비슷하게 생긴 철을 얇게 눌러 딱지치기를 하고 바닥에 줄을 그어 놓고 오징어 같은 놀이도 하면서 해질 때까지 함께 놀았다. 가끔 쫓아내는 군인 아저씨도 있었지만, 대부분 그냥 놀게 내버려 두는 순한 아저씨들이 더 많았다. 눈썰미가 좋았던 귀철은 인사를 잘하고 한 번 본 얼굴의 군인 아저씨에게 아는 체를 제법 잘해서 쫓겨나는 걸 피하곤 했다. 그때부터 귀철은 '본투비' 귀여움이었다.

전곡에서 식당 일을 하던 누나는 식당에서 나와 서울에 있는 공장에 취직했다. 어느 날 누나가 양손에 선물을 들고 집에 와서 자기가 서울에 있는 회사에 다닌다고 했다. 귀철은 누나가 이제 더 이상 전곡에서 일하지 않는다는 걸 그제서야 알게 되었다. 그러고 보니 어쩐지 아버지가 늘 다니던 전곡에 가지 않은 지 몇 달쯤 된 것도 같았다. 누나가 가져온 가방 안에는 귀철과 아버지의 내복 그리고 운동화 같은 선물들이 들어 있었다. 누나가 온 그날 저녁, 귀철은 불고기도 먹고 김치찌개에 흰 쌀밥까지 차려진 저녁을 먹었다. 그날처럼 누나가 멋있어 보이는 날이 없었다. 누나는 귀철보다 겨우 두 살 많았는데도 완전히 어른 같았다. 다음날 누나는 서울로 간다고 짐을 챙기면서 아버지에게 생활비를 내밀었다.

"술 그만 드시고, 이걸로 귀철이 잘 먹이세요. 귀철이 너도 딴 생각 말고 공부 열심히 해."

아버지는 비굴한 것도 같고 치사한 것도 같은 미소를 지으며 넙죽 누나가 주는 돈을 받았다. 물론 얼마였는지 알 수 없지만 그 돈은 며칠 못 가 술값으로 다 사라져 버리고 말았다. 그 후부터 한 달에 한 번씩 오는 누나를 기다리는 시간이 귀철은 좋았다. 누나는 서울 청계천 쪽에 자리를 잡았다가 몇 달 후 임금이 좀 나은 동대문 평화시장이 있는 공장에서 재단사로 직장을 옮겼다. 방 하나를 따로 쓴다고 들었는데, 위층에서 잠을 자고 아래층에서 미싱을 돌린다고 했다. 누나는 귀철과는 완전히 다른 삶을 사는 도시 노동자였다. 점점 서울 사람처럼 세련된 아가씨로 변해갔다. 자기 힘으로 돈을 벌고 아버지에게 생활비를 드렸다. 한번은 누나가 와서 삐쩍 말라버린 데다 얼굴에 버짐까지 가득한 동생을 보며 아버지에게 대들 듯 말했다.

"아니, 그동안 애 밥 좀 잘 해먹이라고 돈을 드렸는데, 애가 왜 저 모양이에요? 피죽도 못먹은 애 꼴이 왜 저러냐구요? 계속 이러면 아버지한테 돈 더 못 드려요. 아버지 술 마시라고 저 돈 버는 거 아니라구요."

한 번도 그렇게 용감하게 대들어 본 적이 없는 누나였다. 그러자 아버지가 갑자기 부엌에 있던 부지깽이를 들고 와서 누나를 때리려고 달려드는 것이었다. 전과 달라진 게 있다면 예전에는 울며 싹싹 빌던 누나가 그 길로 아버지를 피해 도망쳐서는 집에 돌아오지 않았다는 사실이다. 그 이후로 누나는 한동안 집에 오지 않았다. 물론 아버지 손에 쥐어주던 생활비 봉투도 끝이었다. 그리고 나서 서너 달 후에 누나가 다시 집에 돌아왔다. 아버지의 태도는 사뭇 달라졌다. 누나는 더 아버지에게 이것저것 잔소리를 했고, 아버지는 전보다 조금 더 주눅이 든 사람처럼 누나에게 굽신대는 것 같았다.

연천의 매서운 겨울도 가고 귀철이 중학교에 입학하게 되었다. 누나는 귀철을 읍내 교복점에 데리고 가 이것저것 입학 준비를 해야 한다며 교복과 가방을 사주었다. 누나는 귀철에게 엄마보다 더 엄마 같은 존재였다. 사실 귀철은 중학교에 입학하거나 말거나 하나도 관심이 없었다. 다만 오래전부터 계획했던 숙원이 실현되었으면 하는 생각뿐이었다. 중학교만 들어가면 아버지를 버리고 서울로 가리라고 언제부터인가 마음속으로 정해 놓았다. 누나도 중학교에 들어간 다음에 식당으로 팔려 갔고 서울로 옮겨 공장에 취직도 했다. 귀철이라고 못할 이유가 없었다. 중학생이 된 귀철은 서울로 갈 여비만 마련되면 무조건 서울로 가서 일을 알아볼 생각이었다, 거기 가서 그때부터 돈 벌어서 살면 되니까. 누나가 알면 쓸데없는 생각 말고 공부나 하라고 꾸짖을 게 뻔하기에 누나에겐 비밀로 하고 여비도 순전히 혼자서 마련해 볼 요량이었다.

어느 날, 엄마 쪽 먼 친척 된다는 분이 집에 찾아왔다. 작은 보따리를 아버지에게 내밀었고, 그 보따리를 사이에 두고 두 사람은 한동안 말이 없었다. 두 사람은 엄마 얘기를 하는 것 같았다. 귀를 아무리 쫑긋 세워 봐도 도무지 이해할 수 없는 얘기들이 오가고 있었다. 간간이 '인제', '시어머니', '농약' 같은 단어들이 들려오기는 했지만, 그 말로 모든 게 조합을 이루어 내용을 어림짐작할 만한 스토리가 되기엔 뭔가 부족했다. 다만 전체적인 느낌으로 퍽 불길하고 비극적인 느낌을 주는 이야기가 아닐까 하는 불안감만 느껴질 뿐이었다. 엿듣는 걸 포기하고 귀철은 다시 군부대 연병장으로 갔다. 연병장 뒤쪽에는 각종 캔이며 병 등의 재활용품들을 쌓아놓는 처리장이 있었다. 전에 그 처리장에서 폐병을 몇 개 주워다 동네 고물상에 팔았더니 그걸로 뻥튀기를 바꿔 먹을 만큼의 돈이 나왔었다.

귀철은 오늘도 수금하러 영업장 돌아보는 심정으로 군부대 쪽으로 발길을 돌린다. 집에서 커다란 개울을 하나 건너야 군부대가 나온다. 그 개울은 징검다리처럼 생겼는데, 얼마 전까지 그 다리를 건너 군부대로 놀러가곤 했다. 최근에 무슨 공사인가가 시작되어 그 옆에 더 커다란 다리를 만들고 있는데, 그 다리로 차가 다닐 수 있는 길을 만든다고 들었다. 귀철이 징검다리를 건너려고 하는데, 다리 아래 동네 아저씨들 몇몇이 와글와글 모여 있었다. 누렁이 한 마리를 다리 난간에 매달아 놓고 몇몇이 개를 두들겨 패고 몇몇은 장작불을 피우고 있었다.

"귀철아! 아버지 집에 계시나? 가서 여기 오시라고 해."

귀철은 대답하기가 싫다. 저렇게 매달린 개를 두들겨 패 술안주 하려고 침을 흘리는 사람들이 꼴도 보기 싫었다. 누나가 가져다준 아버지의 쌈짓돈을 털어 술값에 보태려는 인간들의 간사함도 죽도록 싫었다. 이 동네가 싫었고 사람들이 징그럽게 미웠다. 귀철은 대답 대신 징검다리를 뛰어 개울을 건너 군부대 쪽으로 내달려 갔다. '절대 여기 안 살 거야. 난 서울로 갈 거야. 꼭 갈 거야!' 그렇게 한참을 달리는데 군부대 보초가 귀철을 멀리서 부른다.

"야, 송귀철이! 숙제는 했냐?"

보초 형은 달려가는 귀철이 귀여워서 멀리서 볼 때마다 이름을 크게 부르곤 했는데, 그날 따라 귀철은 그 목소리마저 듣기가 싫었다. 동네의 모든 게 정나미가 떨어지고 있었다. 사실 폐병을 민간인이 가져다 파는 건 금지되어 있었다. 하지만 이미 오랫동안 친하게 지내며 눈도장을 찍어놓은 군인 형들이 이미 귀철의 사정을 잘 아는지라 가끔 책가방이나 포대자루 같은 데 병을 담아가는 귀철을 눈감아 주곤 했다. 또 운이 좋은 날엔 자기들이 먹던 건빵 같은 걸 주는 형도 있었고 어떤 군인 형은 동전을 던져 주기도 했다.

그날 밤 귀철은 술에 취한 아버지에게 이유도 없이 또 맞아야만 했다. 귀철보다 더 앙상하게 비쩍 마른 아버지는 눈 아래도 거무튀튀했고 피부색도 어두워졌지만, 무엇보다도 배가 점점 나오고 있어서인지 체형이 이상하게 변했다. 언뜻 보면 올챙이처럼 이상하게 보일 정도로 마른 체형에 배가 점점 불러와서 툭 건드리면 터지기라도 할 것 같았다. 복수 같은 게 차서 그랬을 수 있었겠지만, 가난한 살림 형편에 병원을 찾아간다는 건 언감생심이었다. 아니, 병원 갈 돈이 있으면 아버지는 그 돈으로 술을 사야 했으니까 애초에 병원에 간다는 건 생각 속에도 없었을 것이다.

이혼이라는 절차도 없이 호적상 아버지의 아내로 올라 있던 엄마는 집을 나간 뒤 남자를 하나 만나 강원도 인제 쪽에 가서 농사를 지었다고 한다. 엄마와 그 남자는 나름대로 사이가 좋은 편이었는데, 혼인신고는 하지 못했지만 남자의 어머니를 모시고 함께 살았단다. 둘 사이에는 아기가 없었는데, 시어머니는 '애도 못 낳는 년'이라며 박복한 엄마를 무척 구박했다. 생각해 보면, 누나와 귀철 남매를 낳았던 엄마가 아이를 못 낳는 여자는 아니었을 텐데도 엄마는 한 마디 저항도 못 했다. 결국에는 그 구박을 몸으로 다 받고 견디다 못해 농약을 마시고 세상을 하직해 버렸다고 한다. 엄마의 죽음을 슬퍼하던 그 남자도 엄마를 따라 세상을 떠났고, 그토록 엄마를 괴롭히던 흉폭한 시어머니도 얼마 지나지 알 수 없는 이유로 급사했다. 그 집안 사람들 씨가 말라버렸다는 사연을 먼 친척 되는 아주머니가 아버지에게 전해준 그날, 아버지는 귀철이 본 이후로 가장 많은 술을 마셨다. 안주도 없이 '깡술'을 퍼마시고 들이키고를 하던 아버지는 계속 "나쁜 년", "불쌍한 년."이라 되뇌더니 갑자기 귀철을 다짜고짜 패기 시작했다. 자기를 버리고 떠나서 더 잘살지도 못한 엄마에 대한 분노였을까. 아니면 자기 같은 사람을 만나 살아온 그녀의 박복한 팔자에 대한 마지막 동정과 애도였을까. 아무튼 어떤 이유든 간에 늘 그의 최종 표현은 술이었고 폭력이었다.

어머니에 대한 사연을 아주 나중에야 들었던 귀철이는 그날 왜 자기가 맞아야 하는지 영문도 모른 채 아버지의 매질에 몸을 맡겼다. 반항하고 싶지 않았다. 평소에 자기를 때리던 아버지의 매질보다 더 심하게 아픈 느낌이었지만, 어쩐지 참고 맞고 있으면 응어리진 감정 따위들이 사라질 것 같았다. '까짓거 이제 더 심해져도 참고 맞아주자. 곧 여기를 떠날 거니까. 더 이상 맞을 일이 없을 테니까.' 희망이라면 희망일 수 있는 가출 계획은 그렇게 점점 구체화되었다.

매일매일 다람쥐가 겨우살이를 위해 도토리를 모으듯 주워오는 폐병을 포대자루에 모아 모은 돈은 점점 서울로 갈 여비로 채워졌다. 정확한 기억은 아니지만 몇천 원 정도의 돈을 모았던 것 같다. 귀철은 바지 주머니에 폐병을 팔아 바꾼 돈을 단단히 집어넣고 가방 하나 속옷가지 한 벌도 챙기지 않은 채 그 길로 집을 나섰다. 아침엔 학교에 가는 것처럼 집을 나왔다. 아버지는 새벽까지 마시던 술병을 옆에 밀어둔 채 세상 모르게 잠들어 있었다.

매일 다니던 등굣길, 부대 앞 넓은 다리와 징검다리 개울, 쭈쭈바 하나를 먹고 싶어 주변을 맴돌던 동네 구멍가게 그리고 언제나 친절했던 병기와 헤어지는 게 못내 섭섭하긴 했지만 뒤를 돌아보고 싶지 않았다. '끔찍한 가난, 지긋지긋한 아버지 그리고 징그러운 술. 모두 이별이다. 이제 다시는 이 동네에 돌아오지 않으리. 살아서 아버지를 다시 보는 일은 없을 거다. 절대로, 절대로 다시 돌아오지 않을 거야.' 마음속으로 되뇌고 또 되뇌며 곧장 역으로 달려갔다. 가면서도 주머니 속에 있는 차비가 거품처럼 신기루처럼 사라지면 어떻게 하나, 그래서 영원히 이곳을 떠나게 되지 못하면 어떻게 하나? 그런 걱정이 앞서 손으로 확인하고 또 확인했다. 귀철에게는 마치 그 차비가 마치 하늘로 올라갈 때 입을 선녀의 날개옷이라도 되듯 귀하고 또 소중했다.

서울로 가는 기차는 평일이라 그런지 그렇게 사람이 많지는 않았다. 귀철의 얼굴을 아는 역무원 아저씨가 그날따라 당직을 서지 않았다. 다행히도 귀철을 아는 어른들의 눈을 피할 수가 있었다. 설사 아저씨를 마주친들 뭐 어쩌겠는가. 귀철은 이제 두렵지 않았다. 이 세상 어디를 가도, 아버지의 술과 매가 있는 집보다 더 나쁠 수는 없었다. 어디를 가도 지금보다 더 배고프고 공포스러운 날이 이어질 리가 없을 것이다. '서울 가면 누나도 만나고, 돈도 벌고, 번 돈으로 공부도 해야겠다. 나중에 어른이 되어 돈 많이 벌어도 절대로 고향으로 돌아가지 않을 거고, 아버지를 만나지도 않을 거야.'

이대로 귀철은 이제 유년 시절과 작별을 고한다. 세상이라는 무서운 곳에 홀로 뛰어든다 해도 차라리 혼자라서 다행이었다. 더 이상 가족이라는 이름으로 괴로움을 나눠야 하는 아버지만 없다면, 혼자가 아니라 두 다리가 없다 해도 잘 살아갈 수 있을 것만 같았다. 서울역을 종착지로 달리는 완행열차는 그런 귀철의 마음을 알기라도 하듯 "빠앙!" 하며 힘차게 경적을 울리며 앞으로 앞으로 달려가고 있었다.

4

춥고 배고프고 무서운 곳, 서울

누나가 보냈던 편지의 주소를 들고 무작정 평화시장에 도착한 것은 저녁 늦은 시간이었다. 귀철이 가진 돈으로 기차표를 끊고 나니 남은 건 딱 한 끼 저녁을 사 먹을까 말까 한 푼돈뿐이었다. 그럴 줄 알았으면 며칠 병을 더 모아서 밥값 정도는 더 만들어왔어야 했다. 하지만 하루 저녁밥을 위해 며칠 더 집에 있어야 하는 건 귀철에겐 고문일 뿐이었다. 차라리 굶는 게 나았다. 만약을 대비해서 그 돈으로 밥을 사 먹을 수는 없었다. 배가 많이 고팠지만 참아야 했다. 저녁인데도 시장은 조명이 환했다. 저녁이 되면서 이제 막 등불이 켜지며 앞다투어 붉을 밝히는 시장은 연천에서 올라온 어린 귀철이 보기에 단순한 시장이 아니라 자신을 기다려 주는 희망의 징표였다. '누나가 이런 곳에서 일하다니. 대단한걸.'

바삐 지나다니는 많은 도매 상인들의 모습이 귀철 눈에는 신기하기만 할 뿐이었다. 모두 근사했고 다들 멋있었다. 배가 고팠다는 사실을 까맣게 잊은 채 앞으로 펼쳐질 자신의 미래도 저 사람들처럼 근사해질 수 있다는 생각에 막연한 설렘까지 밀려왔다.

"너, 여기가 어디라고? 아니, 대체 어떻게 온 거야?"

작업을 하다 말고 내려온 누나의 시커먼 작업복에는 실밥이 여기저기 붙어 있었고 표정은 지옥을 지키느라 밤을 새운 저승사자처럼 고단해 보였다.

"나도 서울 살라고 왔어. 혼자 왔어."

누나는 황당하기 그지없다는 표정으로 한참 동안 아무 말도 못 하고 귀철을 쳐다보기만 했다.

"밥은 먹었어?"

귀철은 고개를 가로젓는다. 누나는 귀철을 데리고 근처 백반집으로 들어가 귀철을 자리에 앉혀 놓고, 백반 일 인분을 시키고 나서는 나무젓가락을 쪼개 귀철 앞으로 내밀었다.

"아버지는 어쩌고 이렇게 올라 온 거냐. 겁도 없이… 그것도 혼자. 무슨 깡으로."

의기양양했던 귀철은 누나의 당혹스러움과 냉대에 약간 기가 죽을 뻔했지만 그럴 수는 없었다. 얼마나 오래 준비해 왔던 서울 길인가. 매일 매일 폐병을 주워서 여비를 마련했다는 말에 누나는 대견하다고 귀철을 칭찬하는 게 아니라 오히려 어이없어하는 표정을 지으며 걱정스레 귀철을 한참 쳐다보았다.

"귀철아. 여기는 니가 같이 살 수가 없는 곳이야."

귀철이 기름이 둥둥 뜬 멀건 된장국에 밥을 말아 밥풀 하나 안 남기고 그릇까지 핥아먹고 나서야 누나는 동생 손을 잡고 자기 집으로 데리고 갔다. 아니, 숙소라고 해야 옳을 것이다. 누나가 살고 있는 숙소는, 아니 협소한 공간은 키가 크지 않은 누나가 허리를 좀 숙여야 들어갈 수 있는 정말 관처럼 작은 방이었다. 누나 말대로라면 2층은 침실, 아래층은 작업실이어야겠지만 말이 그렇지 좁다란 방 하나를 위아래 분리한 것에 불과했다. 아래에는 미싱이 놓여 있고 위에는 간신히 잠만 잘 수 있는 공간이 하나 있을 뿐이었다. 말 그대로 '하꼬방'이었다. 연천에 내려올 때 그토록 멋졌던 누나가 겨우 이런 코딱지만 한 방에서 간신히 숨만 쉬면서, 잘 때 빼고 나머지 시간을 저 미싱에 코를 박고 먼지를 들이마시며 실밥을 자르면서 일하고 있었다니.

"낮에는 일을 해야 하는 데다 너 같은 동생이 같이 있다는 걸 알면 그나마 이 방에서 누나도 더 못 살아. 일단 오늘은 누나하고 큰엄마 집으로 가자."

누나는 연천에 있는 큰어머니 먼 친척이 흑석동 어디에 살고 있다고 말했다. 귀철이 상계동에서 살 때 한두 번 집에 와서 쌀도 사주시고 반찬도 보내주었다고 듣기는 했지만 도무지 누구인지 본 기억조차 없었다. 서울까지 이렇게 어렵게 왔는데 누나

하고 떨어져 살아야 한다는 건 상상해 보지 못했다. 더구나 누나는 잘 알지도 못하는 멀기도 먼 친척 집에 자기를 맡기려는 생각 같았다. 누나가 큰엄마라고 부르는 분은 큰어머니 오빠의 부인이었다. 즉 큰어머니의 올케언니인 셈인데, 남편은 일찍 돌아가시고 부인만 서울에 살고 있었던 것 같다. 귀철의 기억에 그들이 있을 리가 만무했다. 아버지가 싫어서 어렵게 서울로 도망친 형편이지만 낯선 사람의 집에 맡겨지는 건 더 싫었다. 누나는 그 집에 당분간 귀철을 맡겨 놓고 어른들에게 도움을 청해서 다시 동생을 연천으로 보내려는 생각이었다.

한밤중에 찾아온 사돈집 아이들임에도 큰어머니는 약간 성가신 기색은 보였지만 사연을 다 듣고는 그럴 만도 했는지 내치지는 않았다. 귀철이 입었던 옷을 죄다 벗겨 빨래통에 넣고는 새 이부자리를 깔아 주었다. 일단 배도 부르고 안심할 잠자리가 마련되자 귀철은 긴장이 확 풀렸다. 병을 팔고 돈을 마련하고 집 떠날 결심을 한 요 며칠 못 잔 잠을 그날 밤 실컷 잘 수가 있었다. 서울의 첫날 밤이었다.

큰어머니란 분이 아무리 잘해 주어도 당분간일 것이고, 어디서나 모래처럼 씹기 어려운 밥은 눈칫밥이었다. 큰어머니도 동대문 시장에서 포목점 일을 하고 있었다. 살림하는 것도 아닌 데다 식구도 없어서 아침에 큰어머니가 일하러 나가면 집은 텅 비었다. 낮 동안에는 귀철이 혼자 덩그러니 빈집을 지켜야 했다. 설상가

상으로 귀철이 서울살이에 대한 계획 같은 것을 세우기도 전에 큰어머니는 귀철을 다시 연천으로 보내겠다는 말씀을 내비쳤다.

"아무리 그래도 애들이 부모가 있는데 벌써 집을 떠나 어찌 살아."

토요일 오전에 청량리역으로 가면 연천 가는 기차를 탈 수 있다는 큰어머니의 말에 귀철은 내심 불안했다. '어떻게 올라온 서울인데. 다시는 아버지와 같이 살지 않을 거야. 절대로 돌아가지 않아.' 귀철은 큰어머니가 저녁마다 장부 정리를 하고 나서 현금을 어디에 두는지 알고 있었다. 캐비닛 같은 금고에 큰돈을 넣어두고 남은 자투리는 안방의 커다란 자개 화장대 오른쪽 아래 서랍에 일부 넣어두는 것 같았다. 귀철은 아무도 없는 날 안방으로 들어가 떨리는 손으로 그 자개 화장대의 서랍을 열었다. 아무리 힘들고 가난해도 남의 물건에 손을 대본 적이 없던 귀철이었다. 아무리 먹고 싶어도 동네 꼬마가 먹는 솜사탕 한 귀퉁이도 떼먹어 본 적이 없던 그였다.

하지만 이번엔 달랐다. 이 집에 계속 있는 한, 어쩔 수 없이 연천으로 보내질 것이 틀림없었다. 지금 당장 나가야 하지만 수중에 가진 돈이 하나도 없었다. 서랍을 연 귀철은 딱 연천에서 서울 올 때의 차비만큼만을 손에 집어 들었다. 더는 필요 없었다. 만약을 대비해서 연천으로 보내지게 되더라도 다시 서울로 올 차비는 갖고 있어야겠다는 생각이었다. '나중에 돈 벌어서 꼭 갚을게요. 죄송해요, 큰엄마. 돌봐주셔서 감사합니다.' 이렇게 혼잣말을 하고 나서 귀철은 그 길로 대문을 열었다. 어디로 가야 할지는 정하지 못했다. 우선 본인이 알고 있는 유일한 지명인 서울역으로 가기로 했다. 서울역으로 가면 그다음에 어디로 가야 할지 정할 수 있을 것 같았다.

서울역 풍경은 말 그대로 오만가지 사람들로 북적이는 모습이었다. 귀철은 눈코입귀뿐 아니라 오감, 육감까지 다 동원해 긴장한 채로 걷고 있었다. 아버지가 늘 하던 말이 있었다. "서울 가면 진짜 조심해야 한다. 눈을 뜨고 있어도 멀쩡한 사람 코를 베어 가는 곳이야." 아버지를 피해서 도망 나온 것인데, 그 아버지에게 들었던 말이 이토록 유용할 줄 몰랐다. 서울을 동경했고 서울에 오긴 했어도 서울이 무섭고 두려웠다. 언제 어떤 방식으로 코를 베일지 모르는 일이다. 서울역에는 집 없는 노숙자들과 그저 할 일 없이 이리저리 배회하는 부랑자들이 득실거렸다.

"야, 이 바보 자식아! 일루와 봐. 어이 꼬마!"

누군가 큰소리를 내기에 뒤를 돌아보았다. 모르는 아저씨였다. 까만 베레모 같은 모자를 쓰고 양복을 쫙 빼입은 신사였다. 귀철 생각에 바보도 아닌 자기를 바보라고 부르며 접근하는 것부터 괘씸하고 수상했다. 이상하게 귀철은 세상 물정에는 희미했어도 눈치가 빨랐다. 까만 베레모는 곧 귀철에게 와서 다정하게 머리를 쓰다듬을 것이었다. 서울에서 '바보'는 귀엽다는 뜻일 수도 있다. 친한 척 다가와 귀철을 어르고 달래서 앵벌이 짓을 시킬 게 분명했다. 1980년대에는 삼청교육대가 있어서 길에 하릴없이 다니는 부랑자들이나 건달들을 죄다 끌고 가서 가두었다. 귀철이 서울에 올라왔던 시기에는 그런 일이 공개적으로 거론되지는 않았지만 길에서 배회하는 아이들을 어른들이 끌고 가서 쥐도 새도 모르게 팔아 버린다는 둥, 중국에 보내져서 장기를 적출당한다는 둥 흉흉한 소문들이 많이 떠돌던 때였다.

가을이 되면 논두렁에서, 겨울에는 불을 놓은 들판에서, 봄이 되면 아지랑이를 친구 삼아 물장구치던 여름을 기다리며 자갈길을 뛰어다니던 귀철은 생각보다 달리기를 잘했다. 달리기를 잘하는 덕에 훗날 형들이 시키는 심부름을 잰걸음으로 하곤 했다. 또 가두시위에 나가서 경찰을 피해 도망갈 때도 귀철을 지켜 준 가장 큰 자산 역시 빠른 달리기였다. 서울역에는 더 이상 갈 곳이 없었고 귀철에게 접근하는 아저씨는 두려운 존재였다. 귀철은 냅다 달리기 시작했다. 처음에는 바보라고 부르며 다가오던 베레모 아저씨로부터 도망친 거였지만, 사실 귀철 자신도 왜 달리는 줄도 모르고 그냥 마구 달렸다.

서울역을 지나 남대문, 회현동까지 내달렸다. 숨이 턱에 닿도록 달렸다. 정신을 차려보니 남산 꼭대기였다. 아직 봄이 되기엔 멀다면 먼 이른 3월이었다. 사방은 아직 모두 회색이거나 짙은 고동색이었다. 나무도 푸른 잎이 나오려면 멀었고, 얼어 있던 땅도 아직 제 색을 찾지 못한 채 차가운 기운이 가득하던 계절이었다. 그 많은 계단을 힘든 줄도 모르고 꼭대기까지 올라간 귀철은 서울 전체가 내려다보이는 꼭대기 계단 끝에 풀썩 주저앉았다. '여기가 남산이란 곳인가? 어떻게 여기까지 왔지?' 귀철 자신도 왜 여기가 자기가 있는지 몰랐다. 그냥 달리다 보면 자기를 바보라고 부르던 이상한 베레모 아버지가 있는 곳에서 본능적으로 멀리 떨어지고 싶었을 뿐이었다.

"얘. 너 뭐냐? 거기서 왜 그러고 있냐?"

두리번거리는 귀철에게 누군가 물었다. 이렇게 이른 봄에 누가 사 먹을지도 모를 아이스크림을 파는 아저씨가 어느 리어카 앞에 서 있었다. 한 숟가락씩 떠서 과자 속에 넣어서 파는 아이스크림이었다. 귀철은 침을 꼴딱 삼켰다.

"아저씨⋯ 그거 얼마예요?"

"왜? 사 먹으려고? 너 돈 있냐?"

순간 불안해졌다. 진짜 서울은 가만히 있어도 코를 베가고, 조금만 방심하면 다 털리는 곳이라더니 그 말이 맞는 거 같았다. 귀철은 세차게 고래를 저었다.

"돈 없어요."

아저씨는 귀철의 말을 들었는지 못 들었는지 아이스크림 과자에 분홍색 딸기 아이스크림을 가득 퍼서 귀철에게 건넨다.

"옛다! 이거 먹고 얼른 집에 가. 애가 학교 갈 시간에 왜 이런

데서 헤매?"

귀철은 말이 중학생이지 잘 먹고 자라지를 못해 또래 아이들보다 몸집이 작았다. 아이스크림을 바라보는 눈망울이 너무도 애틋했던 모양인지 아저씨는 딸기 아이스크림을 주저하는 귀철 손에 쥐어주었다. 처음 먹어보는 맛이었다. 학교 앞에서 병기와 함께 가끔 사 먹었던 아이스케키 맛도 이렇게 보드랍고 달콤하지는 않았다.

"집에 가!"

"집 없어요."

"엄마, 아부지 기다려셔."

"엄마, 아부지도 없어요."

귀철은 일단 자기를 부모님이 다 돌아가신 고아인데 친척 집에 맡겨졌지만 구박을 받아 가출했고 그래서 길을 잃었다고 자기를 소개했다. 어른들은 어떤 수단을 써서라도 부모님이 있는 곳에 아이들을 보내려고 하는 이상한 매뉴얼을 갖고 있다. 부모와 사는 것이 세상 모든 아이들에게 유리할 것이라는 건 그들만의 편견일 뿐이다. 귀철의 생각은 단호했다. 매일 폭력을 행사하는 아버지와 사는 것보다는 차라리 고아가 되는 게 훨씬 훌륭하고 마땅한 선택이었다.

그런 귀철의 말도 안 되는 구구절절한 드라마에 그 아저씨가 속았을 리가 없다. 그냥 집 나온 불쌍한 어린 남자애일 뿐인 귀철에 대해 아저씨는 별로 관심이 없어 보였다. 그날 아이스크림 아저씨는 귀철에게 아이스크림은 물론 따뜻한 밥까지 사주었다. 좀 쌀쌀하긴 했으나 하루 종일 남산 위에 있으래도 좋을 거 같았다. 점심 먹고 나서 아저씨는 이번엔 바닐라 아이스크림도 하나 가득 콘에 담아주었다. '이게 웬 떡이람?'

귀철은 아이스크림 통을 바라보면 뿌듯했다. 몇 시간만 더 버티면 초코 아이스크림도 먹을 수 있다는 희망이 있었다. 근래 들어 품어 본 가장 확실하고 가장 고급스러운 희망이었다. 아니, 희망이란 건 애당초 귀철의 삶에 없었다. 엄마가 떠났어도 돌아올 거라는 희망이 없었고, 누나가 서울로 떠나도 자기를 불러주리라는 기대도 없었다. 서울로 무작정 도망쳐 올 때도 뭐가 더 좋아질 거라는 희망 따위는 없었다. 희망을 가질 수 있다는 게 이렇게 가슴 벅찬 일이라는 걸 길게 저녁 빛이 깔리기 시작하는 서울의 한복판 남산 꼭대기에서 알게 될 줄이야. 그렇게 귀철은 아저씨 눈치를 살살 보면서 주변을 배회했다.

늦겨울의 서울 햇살이 남산으로 꼴깍 넘어가고 나니 오히려 한겨울보다 더 심하게 뼛속으로 한기가 몰려왔다. 이가 딱딱 부딪힐 거 같았다. 달릴 때는 몰랐는데 귀철 옷이 그만큼 얇았던 모양이었다. 아저씨는 주섬주섬 느리게 리어카를 정리했다. 파라솔도 접고 뚜껑도 닫았다. 귀철은 괜히 옆에서 어정거리며 뭐라도 돕는 시늉을 했다.

"따라와."

한참을 빤히 보던 아저씨가 리어카를 끌고 한마디를 던지고는 슬슬 남산 아래로 내려갔다. 귀철도 그냥 적당히 두어 걸음 떨어져서 아저씨를 따라갔다. 가다 말고 뒤를 돌아보던 아저씨는 이제 그러려니 싶었는지 걸음 속도를 좀 빨리했다. 귀철은 이때다 싶어 리어카를 열심히 밀었다. '이래야 산다. 밥이라도 얻어먹어야 한다.' 어린 귀철의 머릿속에 든 생각은 오로지 그것뿐이었다. 후암동 쪽 어느 골목을 지나 아저씨가 귀철을 데리고 들어간 곳은 집이라고 하기엔 뭔가 좀 애매한 곳이었다. 그렇다고 숙박 시설 같은 것도 아니니, 지금의 개념으로 보면 고시원 같은 그런 공간이었던 거 같다.

다행히 방은 따뜻했고 이불도 있었지만, 두 사람이 눕기에는 현격히 작은 공간이었다. 방구석에는 신문지가 깔려 있었고 그 위에 녹이 슨 낡은 코펠과 버너가 있었다. 또 한쪽 귀퉁이에는 생라면들이 몇 개 쌓여 있었다. 아저씨는 밖으로 나가더니 코펠에 물을 받아와서 버너에 불을 붙이고 끓였다. 옆에 놓인 박스를 주섬주섬 뒤지더니 꽁치 통조림을 꺼내고 코펠에 있는 물에 고추장을 풀었다. 침이 꼴깍 넘어갔다. 보글보글 끓는 꽁치 통조림 국물에 라면을 넣어 젓가락으로 휘휘 저으니 곧 면발이 풀어져 제법 그럴싸한 라면사리를 넣은 꽁치 통조림 전골이 만들어졌다.

"먹어."

1980년대의 남산 일대 전경. 귀철이가 아이스크림 파는
아저씨를 만난 곳이 남산이다.

특별히 친절하지도 않았지만 특별히 무뚝뚝하지도 않은 아저씨가 심드렁하니 오랫동안 같이 산 식구에게 말하듯 무심하게 말을 건넸다.

"넌 이름이 뭐냐?"

"귀철이에요. 송귀철."

이렇게 좋은 아저씨에게 거짓말을 하면 안 될 거 같았다. 아저씨는 귀철 이름을 들었거나 말거나 아무런 반응도 없이 라면을 후루룩 먹기 시작했다. 귀철도 먹는 속도가 빨라졌다. 아저씨가 상자에서 소주병을 하나 꺼내서 까더니 맥주 컵에 하나 가득 소주를 따랐다. 순간 귀철이 기겁했다. '이 아저씨도 아버지처럼 소주를 마시는구나. 나중에 날 때리거나 내쫓으면 어쩌지?' 귀철이 이 세상에서 본, 소주 마시는 사람은 아버지뿐이었다. 하지만 술을 마시면 다 아버지처럼 된다는 걱정은 기우였다. 아저씨는 그 술을 단숨에 마셔버린 후 귀철에게 아무런 행동을 하지 않았고 횡설수설하지도 않았다. 그냥 꽁치 국물만 조금 더 떠먹고는 그릇에서 좀 떨어져 앉았다.

"몇 살이야?"

차마 열네 살이라는 말이 입에서 나오질 않았다.

"중학생이에요."

아저씨는 왜소한 귀철이 중학생이라는 말이 믿어지지 않는지 힐끗 한번 쳐다보더니 다시 물었다.

"서울에서 혼자 살라고?"

"… 네."

방에서는 버너의 알코올 냄새는 물론 소주와 꽁치 통조림이 뒤섞인 냄새가 진동했다. 아저씨는 먹은 그릇을 치울 생각도 안 하고 한쪽 귀퉁이에 옆으로 누워 '끄응' 하고 팔베개를 한 채 옆으로 눕더니 이내 금방 옅은 코를 골았다. 어떤 사람이라서 이런 쪽방에 혼자 살면서 버너와 코펠에 밥을 해 먹고 혼자 누워야 하는 사연을 갖게 된 걸까. 귀철은 소리 나지 않게 살살 먹은 그릇들을 모아서는 바깥으로 나갔다.

건물 바깥쪽으로 난 공동 수도시설에 가면 설거지를 할 수 있게 되어 있었다. 코펠과 식기들을 대충 찬물로 씻어 물기를 빼고 밤하늘을 올려다본다. 서울엔 별이 없다. 연천의 밤이면 한겨울일수록 별이 많이 반짝였다. 별은 그냥 고개를 들고 올려다보면 잘 보이지 않는다. 거의 드러누운 상태로 무장을 풀고 별을 보겠다는 생각으로 온 맘과 몸을 맡기면 별이 얼굴 위로 떨어지듯이 쏟아져 내렸다. '자기 손으로 목숨을 끊고 세상을 떠났다는 엄마도 어딘가에서 별이 되어서 나를 내려다보고 있겠지. 아버지를 버리고 서울에 혼자 도망 나와 있는 아들을 보면 무슨 생각을 할까?' 귀철은 이 와중에도 아버지를 생각하는 자신이 싫어져서 머리를 세차게 가로젓고는 손에 묻은 물기를 바지에 툭툭 털고 얼른 안으로 들어간다.

손이 시렸다. 아저씨는 아까보다 더 깊이 잠들었는지 세상 모르게 코를 골고 있었다. 살살 방으로 들어가 위쪽에 코펠을 엎어 놓고 아저씨가 덮은 이불 한 귀퉁이 속으로 조심스레 기어들어 갔다. 귀철의 마음에는 오로지 단 한 가지 생각뿐이었다. '이 아저씨에게 잘 보여야겠다. 쫓겨나지 않게.'

다음날 아침 아저씨는 느지막이 일어나 어디론가 말도 없이 나갔다 와서는 귀철에게 찐만두를 내밀었다. 조금 식었지만 꿀맛이었다. 아마 평소의 아침 식사와는 다른 별식이었던 모양이다. 호사스러운 아침밥을 먹고 나서 아저씨는 마치 늘 그렇게 살아온 사람처럼 귀철을 데리고 리어카를 끌어 남산으로 올라갔다. 어제 그 자리에 다시 자리를 잡은 아저씨는 오늘의 장사를 위해 파라솔을 펴고 준비를 시작했다. 귀철이 보기엔 그리 힘든 일 같지는 않았다. 아이스크림은 어디서 받아오는 것 같았는데, 이 아저씨는 사람들 대상으로 호객 행위를 하는 것 같지 않았다. 그저 심드렁하게 앉아 있다가 사러 오는 사람한테 퍼주면 그만이었다. 며칠 동안 아무런 새로운 일도 일어나지 않았다. 같은 시간에 일어나 만두를 먹고 남산에 올라가 아이스크림을 팔고, 해질 때쯤이면 비슷한 시간에 파라솔을 접고 정리를 한 다음 남산에서 내려와 쪽방으로 갔다. 메뉴도 늘 비슷했다. 가끔은 라면 대신 수제비를 넣어 먹기도 했지만 아저씨는 그냥 생짜 라면에 스프를 넣어 끓여 먹지는 않았다.

며칠이 지난 어느 날, 다른 날과는 달리 바람이 좀 많이 불었다. 한겨울보다 이런 초봄 추위가 더 무서웠다. 이렇게 유난히 싸늘한 날에는 아이스크림 장사는 끝났다고 보면 된다. 아저씨는 그런데도 느긋하게 리어카 앞에서 신문을 보면서 지나가는 사람도 무심히 구경했다. 그러고 있는데 어떤 형과 누나가 다가왔다. 서로 이미 알던 사이였는지 그들은 아저씨에게 반갑게 인사를 했다. 그러고는 그 형이 귀철을 보면서 말했다.

"니가 그 애구나."

불안한 마음에 그를 살피며 대답을 안 하는 귀철에게 아저씨가 말했다.

"이 형 따라가. 내가 언제까지 널 데리고 있을 수는 없다."

아저씨를 믿었다. 어차피 서울에 와서 남에게 의탁하며 살 생각은 처음부터 없었다. 누나처럼 취직하고 일을 해서 돈을 벌어야 했다. 그동안 아저씨의 리어카를 밀어주고, 아저씨가 볼일 보러 간 사이에 대신 아이스크림을 팔기도 하는 등 아저씨를 도왔지만 그 정도로는 지금까지 재워준 방값과 얻어먹은 식사 비용을 내기엔 턱도 없는 노동이었다. 아저씨는 귀철에게 이것저것 묻지도 않았고 뭘 어떻게 하라고 요구하지도 않았다.

공부를 제대로 안 해서 아는 건 없었지만 귀철은 나름대로 사람을 볼 줄 안다고 믿었다. 어린아이가 하기엔 턱도 없는 철부지 같은 생각이었지만 그냥 그렇다고 믿었다. 부대에서 폐병을 주울 때 눈감아 주던 군인 아저씨랑 사귄 것도 자기의 힘이었고, 서울역에서 잡힐 뻔했을 때 도망간 것도 스스로의 판단이었다. 자신이 있었다. 누군가를 만나면 그가 자기를 도와줄 사람인지 해칠 사람인지를 구별할 수 있었다. 순전히 짧은 시간이지만 아버지에게 맞지 않기 위해서, 동네 어른들한테 귀여움을 받으며 뭐라도 얻어먹기 위해서 귀철 스스로 터득한 사람 보는 방식이었다.

그날 오후 순해 보이는 그 형과 누나를 따라 귀철은 남산에서 내려갔다. 아저씨 성격을 보면 이 사람들을 믿어도 될 것 같았다. 별로 대화를 길게 한 아저씨도 아니었지만 며칠 동안 정이 들었다. 하지만 귀철은 긴 인사가 서로의 이별에 큰 도움이 되지 않는다는 걸 알기에 뒤도 돌아보지 않고 그들의 손을 잡았다. '아저씨가 믿을 만한 사람들이니 나를 보내는 거겠지.' 귀철은 믿기로 했다. '언젠가 돈을 벌면, 어른이 되면, 그러면 아저씨를 찾아와야지. 그때는 리어카에 있는 아이스크림을 통째로 사주고, 아저씨에게 근사한 선물을 해드리리라.' 귀철은 속으로 다짐하면서 아저씨와의 이별을 가슴에 새겼다.

귀철이 따라간 곳은 흙바닥이 질척거리는 무슨 시장통 같은 동네였다. 나중에 알고 보니, 마장동 우시장 같은 곳이었다. 그래서 그런지 거리에는 하루 종일 비릿한 소 내장 냄새와 누린내가 진동했다. 형 말로는 여름이면 그 열 배쯤 냄새가 난다고 했다. 이 냄새의 열 배를 참아야 한다고 상상하니 얼른 돈을 벌어서 여름 전에 마장동을 떠나야겠다는 생각이 강하게 들었다. 누나와 형은 서로 좋아하는 사이로 보였다. 둘 다 마장동에 있는 와이셔츠 공장 같은 곳에서 일을 하고 있었다. 누나는 경리 비슷한 일을 하고 있었고, 형은 포장도 하고 물건을 배달하기도 했다. 귀철은 그 공장의 포장 부서에서 일을 시작했다. 밤에는 공장에 딸린 작은 쪽방에서 자기도 했고, 어느 날은 누나가 지내고 있는 여인숙 비슷한 방에 가기도 했다. 그런 날은 형이 누나 방으로 놀러 오기도 했다. 누나는 귀철에게 과자를 사주고, 형이랑은 병맥주를 하나 따서 마시면서 도란도란 얘기를 나누곤 했다. 오징어포를 뜯으며 형과 누나가 말하는 대화를 뜻도 모르면서도 듣고 있는 게 마냥 좋았다. 형과 누나는 공장장 흉을 보기도 하고, 텔레비전에 나오는 배우 얘기도 했다.

 무엇보다 좋았던 건 아침, 점심, 저녁밥을 공장에서 먹을 수가 있다는 사실이었다. 와이셔츠 여섯 귀퉁이에 핀을 꼽은 뒤 포장해서 비닐에 넣는 게 귀철에게 맡겨진 일이었다. 며칠 지나지 않아 일에 익숙해지면서 귀철에게는 그 일이 무척 쉬워졌고, 한 달 열심히 일하면 일한 만큼의 돈을 주겠다는 약속도 받았다. 귀철이 그렇게 희망했던 취직이 된 것이다. 공장에는 귀철처럼 일하는 아이들이 제법 있었다. 작업장에 하루에 두 번쯤 들러서 이래라저래라하는 상무 아저씨만 빼면 모든 게 귀철에게는 천국이었다.

하지만 그 천국의 시간도 그리 오래 허락되지 않았다. 나중에 들은 얘기로, 누나가 귀철을 자기 동생이라고 소개하고 월급 보증까지 서서 미성년자인 귀철을 공장에서 일하게 했던 모양이다. 누나는 착한 심성만큼 잘 웃고 얼굴도 이뻐서 사람들에게 인기가 많았다. 누나의 애인이었던 형은 늘 그게 불안했는지 누나가 다른 사람들과 얘기하거나 웃으면 가까이 가서 훼방을 놓곤 했었다. 물론 그것은 여자를 지키려는 남자의 질투 정도의 가벼운 행위였다. 그랬는데 어느 날 상무 아저씨와 형 사이에 큰 싸움이 벌어졌다. 누나를 유독 예뻐하고 말 시키기를 좋아했다는 상무가 누나에게 못된 짓을 했다는 게 이유였다. 무슨 못된 짓을 했는지 모르지만, 누나는 울고불고 형은 상무 아저씨의 멱살을 잡았다. 귀철은 그저 형이 이기기를 내심 응원했다.

서 있는 자세로 와이셔츠를 포장하다가 다리가 아파서 좀 쉴라치면 상무 아저씨가 와서 귀철의 머리를 때렸다. 긴 나무 자를 세워서 그 모서리로 때렸는데 눈물이 핑 정도로 아팠다. 왜 맞아야 하는지 귀철의 어린 맘으로는 도무지 이해할 수 없었다. 계속 허리를 펴지 못하고 일만 하다 보면 오히려 작업 속도가 느려지고, 그러면 오히려 하루에 채워야 하는 일을 다 채우지 못한다.

'잠깐 쉬고 일을 하면 더 많이 포장을 할 수가 있는데 좀 쉰다고 왜 때리는 것일까. 상무라는 직업은 그냥 그렇게 누군가를 때리고 기강을 잡아야 일당을 받는 걸까? 우리 누나도 재봉 일을 하면서 이렇게 나무 자로 머리를 맞는 건 아닐까?'

아무튼 형이 공장 마당까지 상무를 끌어내고 주먹으로 때리고 경찰이 오는 등 난리가 나고서야 그날의 일이 마무리되었다. 문제는 다음날이었다. 상무 아저씨는 아무 일도 없었다는 듯 공장에 출근했고, 형과 누나는 그날로 공장에서 해고되었다. 귀철은 누나가 데리고 온 동생이라는 이유로 함께 나가라는 통보를 받았다. 아니 그럴듯한 말로 통보라 했지만, 그냥 쫓겨나다시피 끌려 나갔다. 나중에 알게 된 얘기로는 상무 아저씨가 경리 일을 보는 누나를 뒤에서 끌어안았단다. 상무 아저씨가 누나의 옷 속에 손까지 넣었고, 누나가 놀라 비명을 지르자 형이 달려가 누나를 구출한 것이다.

아무리 생각해도 누나가 잘못한 게 아니라 상무 아저씨가 나쁜 짓을 한 거고, 누나를 사랑하는 형이 한 행동은 너무도 당연한 일이었다. 그런데 왜 누나와 형이 쫓겨나고 덩달아 자기까지 공장을 더 못 다니게 된 건지 귀철은 아무리 생각해도 이해할 수가 없었다. 세상은 이상하게 좋은 사람들이 더 손해를 많이 보고, 착한 사람들이 늘 못된 사람들에게 다치고 상처받는 곳인지도 모르겠다. 짧은 시간이었지만 잠깐 의지를 했던 누나와 형은 당분간 고향으로 내려간다고 했다. 가기 전에 두 사람이 귀철을 데리고 간 곳은 오뎅도 팔고 떡볶이도 팔고 김밥도 있는 작은 포장마차였다.

"실컷 먹어. 배부르게 먹어."

배는 고팠지만 모처럼 만난 의지할 만한 형과 누나랑 헤어진다고 생각하니 입맛이 동하지 않았다. 아이스크림 아저씨네 집으로 돌아갈 용기는 차마 나지 않았다. 어딘지도 몰랐지만 누나, 형에게 물어볼 수도 없었다. 서로 알지 못했던 사람들이었고, 형과 누나가 우연히 남산에서 데이트하며 아이스크림을 사 먹다가 알게 된 아저씨일 뿐이라고 했다. 집을 나와 배회하는 고아를 어디로 보내야 할지 걱정하는 아저씨의 말만 듣고 선뜻 귀철을 데려온 누나, 형도 그 아저씨만큼이나 현실적이지 못한 사람들이었다. 아니, 어쩌면 가장 상식적인 사람이었지만 세상에 그런 사람들이 별로 없다 보니 그런 아저씨나 누나, 형이 정상으로 보이지 않은 것일지도 모르겠다. 아저씨의 집을 알기는 하지만 다시 그 집에 찾아가 도움을 요청할 수는 없었다.

"귀철아. 이제 집으로 돌아가. 형이랑 누나가 더 너를 돌봐줄 수 없는 거 알지? 너 엄마, 아빠 다 돌아가셨다고 했지만 거짓말인 거 다 알거든. 니 나이 때에는 집이 싫을 수도 있어. 하지만 어린 니가 서울에서 이러고 다니면 더 나쁜 일이 생길 수도 있어."

예전에는 삼청교육대, 형제복지원 같은 사건이 있었고 길에서 돌아다니는 부랑자들을 잡아들였다. 또 정부가 녹화사업이라는 명분으로 운동권 학생들을 잡아 강제징집했다. 그 과정에서 많은 이들이 희생당했고 심지어 군 의문사가 속출했다. 귀철이 서울에 올라왔을 때는 그런 시절은 아니었지만, 여자나 어린이 인권이 제대로 보장받지 못할 때였다. 형과 누나가 볼 때 한참 어린 귀철이 이러한 서울에 혼자 돌아다니게 둘 수는 없는 일이었다. 서울에 혼자 올라올 때도 겁이 나지 않았었는데 귀철은 덜컥 눈물이 핑 돌았다. 떡볶이가 좀 매워 그런다며 휴지를 뽑아 콧물과 눈물을 닦았다. 귀철은 아무런 대답을 할 수가 없었다. 그보다 더 나쁜 곳이 있을 수 있었을까? 몸 누일 곳이 없고, 밥 먹을 데가 없어서 서울 바닥을 헤매고 다녀도 집으로 다시는 돌아가고 싶지는 않았다. 또 엄마, 누나, 아저씨와 헤어진 것처럼 이 형과 누나와도 또 헤어져야 한다는 사실을 받아들이고 싶지 않았다.

포장마차 앞에서 형과 누나를 배웅하느라 한참을 서 있던 귀철은 이제 발길 돌릴 곳을 정해야만 했다. 막막하기만 했다. 그들이 버스를 타고 떠난 정류장 뒤편으로 작은 골목이 하나 있었는데, 그 초입에 빵집이 하나 있었다. 막 빵을 구웠는지 소보로빵과 단팥빵이 쇼윈도 안에 반들반들하게 진열되어 있었다. 그 가게의 주인아주머니가 방금 전까지 바닥을 쓸다가 아무렇게나 놔두고 간 빗자루 하나가 문 옆에 쓰러져 있었다. 귀철은 누가 시키지도 않았는데 그 빗자루를 집어 들었다. 그리고 그냥 가게 앞을 쓸었다. 자기 키보다 더 큰 듯한 싸리 빗자루 같은 모양의 긴 대빗자루였다.

"얘, 너 뭐 하는 거니?"

가게 안에 있던 아주머니가 빵을 정리하다 말고 문을 빼꼼히 열고는 밖을 내다본다.

"아, 아니에요~ 그냥 길이 지저분한 거 같아서. 청소요, 청소. 헤헤."

귀철은 웃는 법을 잘 알고 있었다. 상대가 어지간히 냉혹하거나, 심기가 아주 불편한 경우를 제외하고는 웃어서 손해를 본 적이 없었다. 귀철이 알고 있던 웃는 법은 곧 그가 생존하는 법이었다.

"그냥 놔둬. 왜 남의 집을 모르는 애가 쓸고 그래?"

심하게 말리지는 않고 아주머니는 안으로 들어가 버렸다. 귀철은 성심성의껏 가게 앞을 쓸었다. 와이셔츠를 봉지에 넣는 일이나 바닥을 쓸어 쓰레기를 치우는 일이나 살기 위한 것이라면 따질 게 없었다. 귀철은 뭐라도 해서 살아야겠다고 생각했다. 아주머니가 귀철이 청소하는 모습이 마음에 들면 일을 시켜줄지도 몰랐다. 얼마나 시간이 지났을까? 빵집 문이 열리더니 아주머니가 봉투에 빵을 몇 개 담아 귀철에게 건네준다.

"무슨 애가 시키지도 않는데… 얘, 너 이거 갖고 이제 가거라."

봉지 속에는 아까 유리문 밖에서 본 소보로빵과 단팥빵이 하나씩 들어 있었다. 그날 귀철이 받은 그 빵이 혼자 돌아다니는 동안 제대로 맛을 보고 배를 불릴 수 있었던 마지막 먹거리였다. 아무리 거리를 헤집고 다녀도 귀철에게 먹을 걸 주는 어른은 없었다. 서울이 눈뜨고 코 베어 가는 곳이라고 해도 서울에서 처음 만난 사람은 남산의 아이스크림 아저씨였고, 마장동 공장의 형과 누나 같은 사람들이었다. 하지만 이제 더 이상 귀철 앞에 그런 사람들이 나타나지 않을 모양이었다. 낮에는 서울역에서부터 남대문 시장을 통과하는 중심가를 돌아다니며 먹을 걸 구해보려고 했다. 시장과 거리에는 먹을 것들이 넘쳐나는데, 귀철의 주린 배를 채울 곳은 아무 데도 없었다. 서울 날씨도 많이 포근해졌고, 거리의 화단에도 팬지나 베고니아 같은 꽃이 피어 있었다.

귀철이 밤을 보낼 곳이 아주 없지는 않았다. 회현동 지하상가나 명동아케이드 같은 곳에는 거적때기를 깔거나 종이 상자를 뜯어 요를 삼고 신문지를 이불 삼아 잠을 청하는 노숙자들이 있었다. 다행히 밤에 그다지 춥지 않아 몸을 최대한 옹크리고 지하상가 빈 공간이나 틈에서 잘 만큼 요령이 생겼다. 이렇게 친척 집에서 나와 연천에도 돌아가지 않고 서울 거리를 헤매고 있는 걸 누나가 안다면 어찌 생각하려나. 너무 배가 고파 누나한테 찾아가고 싶은 마음도 없지 않았지만, 누나를 만나면 그 지옥 같은 집으로 강제로 보내질 것 같았다. 그럴 수는 없는 일이었다.

낮에는 조금 변두리 쪽으로 돌아다니며 학교 앞 문구점을 기웃거리거나 오락실을 들어가서 구경했다. 특히 비가 오는 날에는 오락실이 딱 좋았다. 들어오는 사람들을 막지도 않거니와 다른 사람들이 전력을 기울여 오락기 앞에서 갤러그 게임 따위를 하며 정신 팔고 있는 모습을 구경하는 게 재미있었다. 무엇보다도 오락실에 가면 물이 있었다. 사실 밖에서는 물 한 방울 마시는 것도 겁이 났다. 어느 공원에 있는 수돗가에서 물을 마시고 그날 저녁 탈이 나서 밤새 설사를 한 적이 있기 때문이다. 그 뒤로는 끓이지 않은 물을 마시는 게 무서웠다. 오락실에는 주인이 끓여놓은 보리차가 항상 비치되어 있었다. 보리차는 향도 구수하고 맛도 괜찮았지만 무엇보다 주린 배를 채울 수가 있어서 좋았다. 일주일 이상을 굶고 물로만 배를 채워 거의 비쩍 마른 데다 힘도 없던 귀철에게 그날은 운이 좋았다. 오락실 아저씨가 짜장면을 시켜서 먹다 말고 귀철을 불렀다. 짜장면을 먹기 시작할 때부터 귀철이 그를 바라보고 있었는데 아마 너무 배가 고픈 나머지 넋을 놓고 입에서 침이 흐를 정도로 쳐다보고 있었던 모양이다.

"야, 너 이리 와봐."

다 먹고 남은 짜장면 그릇을 귀철에게 주며 바깥에 치우라고 시키면서 아저씨가 말했다.

"남은 거 먹든가."

그릇에는 면은 아예 남아 있지 않았고 까만 짜장으로 비벼진 양파들이 좀 남아 있었다. 원망스럽지 않았고 오히려 고마웠다. 그 짜장면 그릇을 바깥에 치우려고 나가서 남은 짜장을 입에 욱여넣는데 이미 보리차를 어찌나 많이 마셨던지 목으로 물이 울컥 넘어올 지경이었다. 그날부터 귀철은 오락실 사장님이 짜장면을 남길지도 모른다는 데 늘 베팅을 했다. 아저씨가 짜장면을 먹기 시작할 때부터 눈으로 레이저를 쏘면서 되뇐다. '남긴다. 남긴다. 남긴다.'

그날도 짜장면 남은 그릇을 밖에 내놓는 심부름을 하는 귀철 눈이 번쩍 뜨였다. 오락실 문 바로 앞에 백 원짜리 동전이 떨어져 있었다. 운수 좋은 날이었다. 어린 마음속으로는 주운 돈을 파출소에 갖다줘야 했지만 라면땅을 사 먹을 수 있다는 욕망이 도덕 따위를 뭉개버렸다. 아버지가 정말 가뭄에 콩 나듯이 100원이나 200원을 준 적이 있었다. 그때 세상을 다 얻은 것 같은 마음으로 가게에 달려가 라면을 사 먹었었다. 당시 라면 한 그릇 값이 50원이었다. 오늘 주운 돈 100원으로 라면을 사 먹고도 한 번 더 먹을 돈이 남는 것이다.

갑자기 라면을 먹지도 않았는데 벌써 배가 부른 것 같았다. 식당에 들어간 귀철이 라면을 주문했다. 주인아주머니가 귀철을 흘낏 보면서 내심 불안한 듯 주문을 받았다. 어린애가 돈이 있으려나 싶어서 쳐다보는 건지 아니면 너무 구질구질하고 지저분해서 쳐다보는 건지 자꾸 귀철에게 눈치를 주었다. 귀철은 테이블 위에 100원짜리 동전을 보란 듯이 올려놓았다. 얼마 만에 먹는 제대로 된 식사인지 귀철은 감개무량했다. 따끈하고 짭조름한 라면 국물, 거기에 김이 모락모락 나는 그릇에 곱게 담긴 면발을 보며 생각했다. '천천히 먹자, 천천히 아껴서.'

5

사물놀이 '미르'

버스는 상계동 중앙시장 입구 정류장에 멈춘다. 잠시 옛날을 회상하던 귀철은 정신을 수습하고 재빨리 버스에서 내린다. 어제 장례식장에서 마신 술의 숙취가 남아 있는 데다, 지난 시절을 떠올리느라 잠을 좀 설쳤다. 거기에다 오늘은 둘째 녀석을 학원에 데려다주는 날이라 좀 늦었다. 둘째 아들은 연기를 하고 싶어한다. 귀철과 아내를 닮았다면 몸이 재고 가벼울 텐데 녀석은 그렇지 못하고 몸은 둔한데 마음만 가볍다. 사람들 앞에 나서서 자기를 표현하고 싶어하고 무대에 서는 걸 좋아하는 걸 보면 영락없이 귀철의 아들이다. 못 이루어도 할 수 없다. 그냥 꿈을 갖고 있다는 게 그저 기특할 뿐이다.

귀철은 꿈이라는 건 상상도 해 보지 못했었다. 당장 배고프고 당장 아버지의 매를 피해야 하는 입장에서 꿈이란 건 사치에 불과했다. 아들이 하고 싶어 하는 것들이 있다면 무슨 일이라도 하게 도와주고 싶다. 그러면서 늘 귀철은 혼잣말로 물어보곤 한다. '아버진 도대체 왜 그러셨어요?' 대답할 사람도 없고 대답을 들을 수도 없지만, 세상에 아버지란 이름을 갖고 귀철 아버지처럼 살아온 사람이 또 있을까? 아직도 한참 아버지로 더 살아야 그 이유를 알 수 있으려나.

연습실에 갈 때는 언제나 발걸음이 가벼웠었다. 세상에서 많은 일을 하거나, 많은 사람을 만나는 게 아니기에 자기와 상관없는 다른 일로 신경 쓸 일이 많지 않아서였다. 오로지 아내와 아이들 셋을 생각하며 일할 때에는 즐거움을 느낄 수 있었다. 그리고 함께 연습하고 박자 맞춰 연주하면서 단원들과 어우러질 때 귀철은 살아 있음을 느꼈다. 누가 먼저랄 것 없이 시작하고 추임새를 넣어 신명나게 한바탕 놀고 나면 마치 무당이 칼 위에서 춤이라도 한바탕 추고 내려온 듯 온몸이 땀으로 흥건해진다.

귀철은 타악기가 좋다. 멜로디와 리듬으로 감정을 표현하는 게 음악이라고 한다면, 타악기를 두드리는 건 귀철에게 있어 음악이라기보다는 기도에 가깝다. 굿이며 주문이며 또 접신이다. 열다섯 살 때부터 시작한 풍물이니 이제 거의 35년을 장구와 북과 함께 살아 왔다. 세상에 가장 먼저 소식을 알리는 건 북소리다. 결전을 앞두고 진격하는 북소리이고 날이 밝음을 알리는 북소리! 그리고 그 옛날 귀철이가 정돌이였던 시절에 좋아하고 따르던 형들의 역사를 바꾸고 세상을 바꾸려 외치던 소리들은 모두 귀철에겐 북소리였다.

"둥둥둥둥"

한때는 그 주술 같은 먼 북소리에 심장이 더 크게 뛰었다. 스크럼을 짜고 모두 앞으로 내달릴 때 나는 그 일정한 발자국 소리들, 불협 같은 느낌으로 누군가의 선창에 따라 함께 부르는 노랫소리가 점점 한목소리로 변하면서 전진을 독려하는 함성으로 바뀔 때, 귀철은 몸속 가장 깊은 곳의 피까지 뜨겁게 끓어오르는 듯한 느낌을 받았었다. 지금도 가끔 그때의 시간을 떠올리면 가장 말초신경 어디서부터인가 파르르 피들이 몰려 가슴으로 뭉치는 것 같다.

"안녕하세요, 선생님!"

연습실 입구에서 학생 하나를 만난다. 사물놀이 '미르'라는 현판을 달고 연습실을 연 지도 벌써 10년이 넘었다. 많은 학생들이 배우고 나갔고 이 '미르'에서 배워 대학도 가고 프로가 되기도 했다. 올해 예고 1학년 학생인 은율이 음료수 하나를 내밀며 배시시 웃고는 얼른 연습실로 들어간다. 고등학교 1학년이니까 벌써 열일곱 살인데도 뽀얀 아기 같은 얼굴에 아직도 어린애처럼 수줍음이 가득하다. 잠시 그 시절 귀철 자신을 떠올려 본다. 연습하러 오는 단원들은 은율처럼 열일곱 소녀부터 60대 형님까지 연령대가 다양하다. 배우는 이유는 저마다 다르지만, 일단 연습

고려대 서클에서 배운 장구를 열심히 연마해
장구 고수가 된 송귀철이 세운 사물놀이 '미르'의 로고.

2024년 고창 농악 꽃대림축제에서의
공연 장면(팔도굿쟁이전 공연).

에 돌입해 합주하게 되면 모두 다 신기하게도 비슷한 소리를 낸다. 나를 돋보이게 하는 게 아니라 타인과 호흡을 잘 맞추는 게 사물놀이의 관건이다. 소년인데도 어른처럼, 학생이 아닌데도 대학생인 것처럼, 슬픈데도 슬프지 않은 것처럼 살아 왔던 귀철의 시간과 사물놀이는 어쩐지 닮아 있었다.

그런 사물놀이패가 이제 얼마나 더 유지할 수 있을지 늘 걱정이다. 학원 임대료가 싼 곳을 여기저기 찾아 옮겼지만 아무리 임대료가 저렴해져도 수강생과 회원 수가 줄어드는 데에는 장사가 없다. 예전엔 전통문화에 대한 언론 홍보나 기사가 많아 사람들의 관심을 끌기도 했었지만, 요즘은 K팝이 대세가 된 데다 좀 더 글로벌한 것을 좋아하는 대중들의 취향 때문인지 사물놀이는 인기가 없다.

어제도 열성 단원 한 명이 건강상의 이유로 이제 더 이상 같이 못 할 것 같다는 전화를 해왔다. 성격이 아주 잘 맞지는 않았지만 함께 장구를 두드리면 신명나는 시간을 공유하고 끝나고 나서는 맥주도 간간이 마시던 비슷한 나이의 회원이었다. 그는 건강에 이상이 생겨 더 나오지 못할 거 같다고 했다. 자세히 묻지는 못했다. 떠나고 싶은 마음인 사람에게 그 이유를 묻는다는 게 그다지 큰 의미가 없게 느껴진다. 그래서인가 아무리 어려운 일이 있어도 늘 가볍던 발걸음이 오늘은 어쩐지 천근의 추를 단 것만 같다.

한 달 뒤에 있을 공연을 위한 연습 마무리를 마치고 단원들을 독려할 겸 소주 한잔을 함께하고 늦은 시간에 집에 돌아오니 현관부터 불이 환하게 켜져 있다. 식탁 위에는 아이들이 주문해서 먹고 남긴 피자 조각이 그대로 담긴 종이 상자가 뚜껑이 열린 채 냄새를 풍긴다. 아무리 남자 녀석이 셋이라지만 집에 들어오면 언제나 방금 폭탄이 터진 집 같은 기분을 어쩔 수가 없다. 귀철의 자취 생활 역사는 거의 50년이다.

부모와 함께 살았던 집이라곤 초등학교 들어갈 즈음이니, 그때부터 엄마를 대신해서 밥을 하고 집을 치우고 불을 때며 살았다. 간간히 "옛날에 나는 말야….."라면서 아이들 앞에서 잔소리를 퍼붓는 걸 자제하기 힘들 때가 많다. 아이들이 아버지의 불우하고 남루했던 시절 이야기 듣는 걸 좋아할 리가 없다. 아내 역시 경험해 보지 못한 초인적이며 비현실적인 귀철의 어린 시절 정서에 절대 공감하지 못할 것이다. 귀철은 생활 방식을 가족들에게 맞춰야 한다고 늘 다짐하지만 집이 이렇게 어질러져 있을 때는 불쑥 화가 나는 걸 참기가 어렵다.

생활을 위해 아이 돌보는 일부터 학교에 강의 나가는 일까지 일인 다역을 소화하는 아내는 피곤한지 정신없이 잠들어 있다. 아이들 세 놈도 모두 제멋대로 늘어놓은 방에서 질서 없이 잠들어 있다. 아이들에게 잔소리를 많이 하던 때도 있었다. 아내는 그런 귀철에게 깔끔한 건 좋지만 정리벽이 심해 강박에 가깝다며 불만을 토로한다. 그렇게 살지 않으면 언제 어디로 쫓겨날지 모를 삶을 살았던, 오갈 데 없던 소년에게 그런 습관이 몸에 밴 것은 당연하다는 걸 아내는 이해하지 못한다. 아내의 이해심이 없거나 아량이 없어서가 아니라 귀철처럼 살아온 사람을 경험해 본 적도 없고 들어본 적도 없어서일 거라는 걸 알면서도 둘 사이에 언쟁이 생기면 섭섭해지곤 한다.

귀철은 고속버스 휴게소 화장실에 붙어 있는 아픈 아이 돕기 스티커를 볼 때 또 텔레비전을 보다가 저소득층 아이를 도와달라거나 하는 광고를 보면 아무 판단이나 생각할 사이도 없이 전화번호를 누른다. 그런 아이들을 볼 때면 귀철은 짧은 상념에 빠지곤 한다. 거칠고 황량한 사막 같은 세상, 물 한 방울 맘 놓고 마실 수 없고 바람만 부는 땅에 홀로 서서 어디서 달려들지 모르는 하이에나를 두려워하며 어느 방향으로 발길을 돌려야 할지도 모른 채 울지도 못하고 서 있던 자신의 어린 시절이 오버랩되곤 한다. 누구라도 돕지 않으면 그들은 삶을 이어갈 수 없다는 걸 알기에 그들을 도와야 한다는 사명감이 그를 본능적으로 그렇게 만들었다. 아내는 그런 귀철을 보며 핀잔을 주기도 한다. 또 가끔씩은 진심 반 농담 반으로 말한다. "당신이 뭐가 있다고 누굴 도와요, 너나 잘하세요…."

귀철은 혀를 쯧쯧 차면서 주방을 대충 정리하고 아들놈들이 널브러져 자고 있는 방에 들어간다. 큰아이는 미술을 공부하겠다고 했다. 어릴 때부터 사물을 보고 관찰하고 그림 그리는 걸 좋아했지만, 미술을 공부시킬 만한 형편이 안 되니 언감생심이었다. 시간이 되고 머리가 크면 현실을 깨닫고 꿈이라면 꿈을 누르게 되겠거니 했는데 오히려 시간이 지날수록 더욱 견고해지는 아이의 꿈을 깨뜨릴 수가 없었다. 둘째 녀석은 연기 학원을 보내달라고 한다. 두 녀석 다 엄마 아빠의 끼를 받았으니 누굴 나무랄 수도 없다. 아내는 체육을 전공했다가 다시 전공을 바꿔 대학에 진학했다. 음악을 좋아하고 그중에서 국악을 선택한 아내는 귀철을 스승으로 만나 공부를 하고, 장구를 배우고, 타악을 해서 대학을 진학했다. '이렇게 좋은 환경에서 자고 먹고, 공부하면서 자기 방 하나 제대로 안 치우고 말이야.'

누구에게 하는 말인지는 모르겠지만, 아이들을 보면 답답하기만 하다. 그러다가도 한편으로는 감사하는 마음이 변덕처럼 그에게 밀려든다. 어떻게 여기까지 오게 된 것일까? 인연을 움직이는 어떤 커다란 힘이 있지 않고서야 세상으로 뛰쳐나와 기댈 곳이라곤 몸뚱이 하나밖에 없던 귀철이 어떻게 이런 귀한 삶을 살 수가 있었을까? 지금까지의 삶을 돌아본다. 한마디로 '생존'이라는 말 이외에는 선택할 단어가 없었다. 살아내는 것이 유일한 탈출구였다. 삶은 그에게 즐기는 것도 아니고, 누리는 것도 아니고, 그저 살아내는 것뿐이었다. 그렇게 살아낼 수 있게 해준 힘, 생존할 수 있게 첫 힘을 준 사람들⋯ 그들이 바로 고려대학교 학생들이었다. 그에게는 태어난 연천도 어린 시절을 겪은 상계동도 고향이 아니었다. 그의 고향은 서울 성북구 안암동 5가 1번지 고려대학교였다.

6

고려대학교와의 첫 인연

어린 귀철이 서울에 올라와서 배운 것이라고는 사람들을 피하는 방법이었다. 사람들은 키도 작고 또래보다 훨씬 어려 보이는 귀철을 보면 어린 녀석이 어른도 없이 혼자 돌아다니는 사연을 묻고 싶어 했다. 짜장면 한 가닥을 남겨 주던 오락실 아저씨도 귀철에게 겁을 주었다.

"너 가출했지? 쬐끄만 녀석이."

귀철의 세상에는 피할 것들뿐이었다. 고향에 있는 아버지로부터 도망쳐야 했고, 시골로 보내려는 먼 친척 집에서도 도망쳐 나와야 했다. 서울역사에서 그를 팔아먹으려고 이리 와보라고 부르던 무서운 아저씨도 피해야 했고, 어떻게든 잡아서 귀철을 다시 집으로 보내겠다고 생각하는 세상의 많은 어른들로부터도 몸을 숨겨야 했다. 세상에서 제일 싫고 무서운 일은 집으로 돌아가는 일이었지만, 마음 한구석에는 남들처럼 집이라는 곳이 있으면 좋겠다는 소망도 함께 있었다. 귀철은 당장 오늘 밤 잘 곳을 찾아야 했던 아직 어린 소년일 뿐이었다.

마장동을 떠나 어떻게 어떻게 걸음을 옮기던 귀철이 발길을 향한 곳은 청량리역이었다. 어쩌면 배고픔을 견디고 한뎃잠을 참으며 보내는 시간도 이제는 더 할 수 없을지도 모른다는 위기감에 의식이 아닌 발이 시킨 본능이었을지도 모르겠다. 청량리에서 기차를 타면 고향으로 갈 수 있었다. 갈 수 있었지만 가지 않는 것이라고 자신을 더욱 꾹꾹 누르면서도 발이 무의식중에 그리로 향한 것이다. 청량리 역사에서 오가는 사람들을 구경하며 낮에는 그럭저럭 견딜 만했다. 해가 지고 저녁이 오니 배는 더 고파졌고 야맹증 때문에 눈도 잘 안 보이는 데다가 어디서 자야 할지 막막한 마음이 들었다. 눈물이 단단히 마음먹은 틈을 비집고 새어 나왔다. 하루하루가 '어떻게 해야 하지?' 하는 생각뿐이었다. 고등학생쯤으로 보이는 어떤 형이 험악한 표정으로 저쪽에서 귀철에게 다가오고 있었다. 그냥 초원에 사는 얼룩말처럼 그냥 본능적으로 도망가야 한다고 생각했다. 귀철은 벌떡 일어나 마구 달렸다. 뒤를 돌아보지는 않았지만 뒤에서 그를 따라 달려오는 소리로 자신을 잡으러 온다는 걸 느낄 수 있었다. 귀철은 가진 것도 없어 빼앗길 것도 없는데 왜 자기가 도망을 가는 건지도 모른 채 그저 앞으로 내달리고 있었다.

그렇게 한참을 경동시장 방향으로 달리다가 잠깐 숨을 멈추려고 벽에 기대었다. 더 이상 뒤에서 계속 누가 따라오는 것 같지는 않았다. 귀철이 멈춘 곳은 조금 높은 빌딩 같은 건물 앞이었다. 건물 앞에 나무가 심어진 화단 같은 높은 턱이 있었다. 그 화단 위의 턱에 키가 제법 큰 남자가 걸터앉아 있었다. 평범한 티셔츠에 청바지 같은 걸 입었는데 밤이었는데도 얼굴이 뽀얗고 좀 우울한 분위기를 느낄 수 있었다. 뒤에서 따라올지도 모르는 고등학생 같은 형보다는 좀 나이가 있어 보였다. 그가 자기를 도와줄지도 모른다는 생각에 귀철은 괜히 그 화단 주변을 서성거리다 두 팔을 짚고 화단 턱에 올라앉았다. 화단에 심어진 향긋한 라일락 향기가 코로 확 들어왔다. 훈풍이 불었고 보름달이 환했으며 어디선가 밤새 우는 소리가 들렸다.
"달이 참 밝아요."
"뭐?"
어린애가 달이 밝다는 말을 하니 좀 우스웠는지 그 남자는 귀철에게 관심을 보였다.
"달이 참 이쁘게 밝다구요."
그 남자가 하늘을 올려다본다. 한참을 멍하니 달을 보다가 다시 귀철을 쳐다보며 말했다.
"넌 누구니?"
그렇게 해서 그 남자와 귀철의 인연이 시작되었다. 그 남자의 이름은 서정만이다. 눈이 맑고 선해 보이며 잘생긴 형이 자기를 도와줄지도 모른다는 본능적 믿음 때문에 귀철은 무조건 정만에게 매달려야겠다고 생각했다. 어린애가 여긴 왜 왔는지 집이 어딘지 그 형도 이것저것 묻지를 않았다. 오히려 귀철이가 그에게 먼저 자기가 고향에서 도망친 얘기를 늘어놓았다. 전에 만났던 아이스크림 아저씨나 마장동 누나 형들에게처럼 거짓말을 하고 싶지 않았다. 솔직하게 말하면 이 형은 자기를 정말 불쌍하게 여기고 도와줄 거라는 터무니없는 믿음이 생길 만큼 그의 인상이 따뜻했다.

조용히 사연을 처음부터 끝까지 다 듣더니 형은 근처의 만화가게로 귀철을 데리고 갔다. 그때의 만화가게에는 돈을 내고 들어가면 밤새 만화책도 볼 수 있고, 라면도 사 먹을 수 있었다. 어른들을 따라 이곳저곳을 다녀본 귀철에게는 이곳 역시 천국이었다. 만화책을 봤는지 형이랑 얘기를 했는지 아니면 배불리 라면을 먹었는지 아무것도 중요하지 않았다. 그날 밤은 마음을 놓고 자기를 보호해 주는 어른 곁에서 푹 잘 수 있었다. 다음날 아침은 어제와는 다른 세상이었다. 도망을 가야 할지 말지를 결정하면서 출발하는 하루가 아니었기 때문이다.

"이제 어디로 갈꺼냐?"

정만이 물었을 때 귀철은 당연히 갈 곳 없다고 대답했다. 당시 고려대학교 행정학과에 다니고 있던 정만은 학생 시위 주동자로 경찰에 찍혀 수배 중이었다. 친구 집으로 우선 피신을 했지만 곧 발각될 것이 틀림없었다. 어쩔 수 없이 친구 집에서 나와 어디로 가야 할지 고민하며 헤매던 중이었다. 갈 곳이 없는 것은 두 사람이 같은 처지였다. 어디든 세상을 피해서 도망쳐야 한다는 점도 일치했다. 함께 동료들과 시위를 준비할 때만 해도 동지들과 함께한다는 사실이 든든했었다. 하지만 지금 혼자 세상을 피해 도망을 다녀야 한다는 사실은 대학생인 정만에게도 어떤 면에서는 공포와 외로움이었다. 그런 정만에게 단 하룻밤이지만 어린 귀철이 오히려 힘이 되었다. 또한 이렇게 약하고 어린아이가 누구보다도 자신을 잘 돌봐줄 가족을 피해 달아나야 한다니, 오갈 데 없는 자신의 처지처럼 꼬마 귀철이 한없이 가엾고 애잔했다.

정만은 귀철을 데리고 학교 학생회실로 가기로 했다. 일단 그가 몸을 피할 곳, 의지할 곳은 친구들이 있는 학교뿐이었다. 그렇게 해서 귀철은 태어나서 처음으로 대학교 캠퍼스라는 걸 구경하게 되었다. 웅장한 교문 밖에서 보는 고려대학교 본관 건물은 정말 압도적이었다. 그렇게 멋있는 돌로 만든 건물도 처음이지만 교문을 들어섰을 때 들어오는 학생들을 안아주는 대운동장은 정말이지 어마어마했다. 커다랗고 둥그런 대운동장이 귀철의 눈에는 우주만큼이나 커다란 스타디움이었다.

아직 이른 시간이라 학생들이 많이 다니지는 않았다. 교문 왼쪽으로 쭉 걸어 올라가는 길옆 화단에는 즐비하게 늘어서 있는 초여름 나무들이 싱그러운 푸른 잎사귀들을 매달고 있었다. 쭉 올라가면서 왼쪽을 바라보니 농구대가 있었고, 똑같은 생김새의 창문 많이 달린 커다란 하얀 건물이 눈에 들어왔다. 고려대학교 학생회관 건물이었다.

정만은 귀철을 데리고 학생회관을 지나 언덕 위에 있는 정경대학 건물 2층 학생회실로 향했다. 책상 위에는 여러 권의 책들이 제멋대로 쌓여 있었고, 창문에는 뭐라고 쓴 건지 휘갈긴 글씨체의 종이들이 질서 없이 잔뜩 붙어 있었다. 한쪽 구석에 소파도 하나 놓여 있었다. 아주 낡아서 희끗희끗하게 해지긴 했지만 제법 길고 푹신해 보이는 주황색 소파였다. 귀철은 그 소파에 벌렁 누워 보았다. 꿈처럼 아늑했다. 이곳이 최종 목적지는 아니지만 어쩐지 그가 며칠간 믿고 몸을 맡겨도 될지 모르는 곳이라는 생각에 안심이 되었다. 정만은 자기와 관련된 자료를 치우려는 건지 캐비닛을 열어 이것저것 꺼내고 정리하느라 분주했다. 귀철은 소파 옆 의자로 올라가 까치발을 하고 창밖을 내다본다. 하나 둘 등교하는 형, 누나들이 보였다.

'이런 데가 대학교라는 곳이구나.' 옆쪽으로 보이던 서관 농구장에서 형 둘이 농구공을 주고받으며 한가롭게 놀고 있는 장면이 보인다. 하지만 학교는 전체적으로 어쩐지 활기 있다기보다는 조금 정적인 분위기였다. 초봄의 초록보다는 늦여름의 청록처럼 짙은 무게감이 교정을 압도하고 있었다. 어떤 알 수 없는 무거운 힘이 구름처럼 학교 전체를 짓누르는 것 같은 압박감 같은 게 느껴지고 등교하는 학생들의 얼굴도 그렇게 밝지만은 않았다. 대학마다 시국선언을 발표하고 호헌철폐를 외치던 1987년 봄이었다. 강의 시간이 가까워지면서 정경대 학생회실은 오가는 형과 누나들로 분주했다. 지나가는 형, 누나들이 동그마니 앉아 있는 꼬마 귀철을 보고 다들 한마디씩 묻는다.

"얜 누구야?"

특히 예쁘고 인상도 좋은 누나들은 귀철에게 한 걸음 더 가까이 다가와서 이름을 묻고 귀엽다고 머리도 쓰다듬어 주고 심지어 어떤 누나는 사탕도 손에 쥐어주었다. 누나들은 이상하게 남자 형들에게 오빠라고 부르지 않고 형이라고 불렀다. '왜 형이라고 부르는 걸까? 여자가 남자한테.' 아무튼 그 사실은 중요하지 않았다. 귀철은 형보다는 누나에 더 익숙하지만 이런 곳에 살 수만 있다면 누나를 형이라고 부르는 것쯤이야 백번을 부른다 해도 대수가 아니었다.

이런 기분 좋은 환대는 처음이었다. 많은 사람들이 자기를 쳐다봐 준다는 사실이 싫지 않았다. 있어야 할 곳이 아닌 줄은 누구보다 스스로 잘 알고 있었다. 어떤 사연으로 여기에 오게 되었는지도 그들에겐 중요하지 않아 보였다. 사람들은 귀철을 적대시하지 않고, 밥을 먹여 줄 생각이며, 최소한 그가 여기 있겠다고 우겨도 쫓아낼 것 같지 않았다. 많은 형과 누나들이 학생회실에 들락거렸다. 강의가 없는 시간에 들어오는 형, 누나들이 귀철의 이름을 똑같이 물었다. 사연을 알고 있는 형들이 먼저 대답을 해 주기도 했고 어떤 때는 귀철이 직접 대답하기도 했다.

점심시간이 되자 아침보다 더 많은 형들이 들어왔다. 모두 밥을 먹으러 함께 나가는 분위기였다. 소파에 있던 귀철에게 학생회장이라는 형이 다가왔다.

"꼬마야. 너두 같이 나가서 밥 먹자. 따라와."

정경대와 서관 사이의 가파른 길을 따라 조금 내려가면 작은 철문이 나오는데, 정경대 후문이라 했다. 그 문으로 나가면 거기서부터 다시 좁다란 골목이 나온다. 거기엔 서점, 복사집 그리고 당구장, 식당, 술집들이 다닥다닥 붙어 있다. 밥을 먹는 네댓 명의 형들 사이에 끼어 앉은 귀철에게도 밥 한 공기가 따로 차려져 나왔다. 형들은 농담을 하고 실컷 웃으며 서로 반찬을 빼앗아 먹기도 하면서 귀철에게 이것저것 또 물었다. 몇 살이냐, 고향이 어디냐, 왜 서울에 혼자 왔느냐, 무섭지 않느냐. 정만에게도 이런 저런 얘기를 하긴 했지만 귀철은 자기에게 관심을 갖는 형들에게 일일이 똘망똘망하게 답하는 것으로 보답했다. 그들에게 잘 보이니 밥을 먹을 수도 있고, 어쩌면 오늘 밤은 한데서 잠을 자지 않아도 될지 모르겠다는 기대감이 그 많은 대답을 할 수 있는 힘을 주었다. 오징어볶음 반찬에 김치찌개와 함께 먹는 따뜻한 밥을 포식하면서 귀철은 뜬금없는 결심을 한다. '형들한테 잘

보여서 이런 데서 같이 살아야겠다.'

점심을 먹고 귀철은 형들을 따라 다시 학생회실로 갔다. 귀철은 말이 중학생이지 잘 먹지를 못해 발육이 늦은 편이었다. 형들은 아직 초등학교 저학년만큼이나 작은 귀철을 번쩍 안아주기도 하고 어떤 형은 수업을 들어가면서 그동안 자판기에서 율무차를 사 먹으라며 동전을 주고 가기도 했다. '이런 세상도 있구나. 내가 누군지 따지지도 않고 그저 이름만 듣고, 나를 재워주고 밥을 먹여 주고, 나를 살려주는 사람들이 있구나.'

학생회실에서 밖을 내다보니 각종 소음이 들린다. 멀리 무리를 이룬 학생들이 모여 노래를 부르기도 하고 어디선가 나팔 소리가 들려오기도 한다. 또 체육을 하는 학생들인지 구령 소리가 들리는 듯했고 또 아득한 곳에서 전하는 꽹과리 소리와 장구 소리도 들린다. 그리고 학생들이 격정적으로 대화하는 소리도 심상치 않다. 단 한 번도 들어보지 못한 신기한 소리였다. 아버지를 따라 연천 장터에 나가면 장사하는 사람들이 손님을 부르는 소리, 소 방울 쩔렁이는 소리, 닭 우는 소리 그리고 아이들 떠드는 소리가 들린다. 그 소리를 듣는 게 귀철은 싫지 않았다. 뭔가 그 안에 가락이 있는 것 같고 일정한 운율을 만들어 박자를 맞출 수도 있었다. 소리로 상상을 하고 소리를 내 보면서 그들 속에 섞여 보기도 했다. 지금 연천 시장터의 소리와 대학교 캠퍼스의 소리들이 섞여 귀철에게는 또 다른 화음을 들려주고 있는 것 같았다.

"야, 꼬마야. 귀철아. 일어나!"

어느새 잠이 들었던 모양이다. 어제 귀철을 학생회실로 데려온 정만 형이 귀철을 흔들어 깨우고 있었다. 귀철은 정경대 학생회실의 주황색 소파에 누워서 캠퍼스의 소음을 고향 장터의 소음과 섞어 자장가 삼아 잠이 들었다. 집을 떠나 한 번도 그리워해 본 적 없는 고향 장터의 소음이었다. 어린 소년에겐 너무도 피곤하고 긴 여정이었다. 고향에서 도망 와서 지금 이곳에 와있다는 사실이 꿈만 같았다. 어리바리 눈을 뜨고도 앞에 있는 형이 누군지 한동안 못 알아볼 만큼 정신이 혼미했다. 갑자기 무장해제가 된 기분이었다. 긴장이 풀린 귀철이 고향을 떠나 지금까지 한 번도 못 자본 혼곤한 꿀잠에 빠졌던 것이다.

"형도 여기 더 오래 못 있어. 오늘 저녁에 나가면 다시는 여기 안 오게 될 거 같다. 이제는 너도 네 갈 길로 가야지. 여기는 집이 아니니까."

귀철은 아무런 말도 할 수가 없었다. 여기서 더 있게 해달라고 조를 수는 없는 노릇이었다. 하지만 일단 형의 말을 잘 들으면 이곳에 또 오게는 해줄 수 있지 않을까 하는 생각이 들었다.

"갈 데 없는 거 알아. 하지만 여기서 널 데리고 있을 수도 없다는 거 알지? 형이 집으로 들어가면 널 좀 며칠 재워줄 텐데, 집으로 갈 수 있는 형편이 아니야."

아무런 대답을 못 하고 멀뚱히 쳐다만 보고 있는 귀철에게 정만은 천 원짜리를 몇 장을 건넸다. 삼천 원이었다. 오락실 앞에 떨어진 100원에 감격하던 귀철에게는 상상할 수도 없는 큰돈이었다.

"이거 갖고 일단 어딘가 잘 곳을 찾아. 어딜 가더라도 아프지 말고. 잘 살고 잘 지내라."

귀철은 받은 돈을 만지작거리며 고개를 푹 떨구었다. '형들하고 여기서 그냥 지내면 안 돼요? 청소도 잘하고 말도 잘 들을게요.' 말이 혀끝에 맴돌았지만 귀철은 누구보다 눈치가 빠른 아이였다. 이 순간에 결정적인 선택을 잘해야 한다는 걸 알고 있었다.

"네. 고맙습니다."

그렇게 정만 형과 다시 정경대 후문을 나와 귀철은 아쉬운 이별을 했다. 귀철은 큰길 방향으로 정만은 개운사 쪽으로 발걸음을 옮겼다. 귀철은 길을 가지 않고 한참을 서서 정만 형의 뒷모습을 바라보았다, 정만은 한 번쯤 뒤를 돌아보곤 손을 휘휘 저어 귀철을 떠나보냈다. 다시 혼자가 된 귀철은 경동시장으로 발길을 돌렸다. 바지 주머니에는 형이 준 돈이 들어 있으니 밥을 굶지는 않겠지만 귀한 돈을 잠을 자는 데 쓴다든지 해서 함부로 돈을 낭비할 수는 없었다. 그날은 다행히 날이 춥지 않았다. 낮에 잠을 좀 자 두어서인지 졸리거나 몸이 힘들지도 않았다. 경동시장 쪽으로 걸어가다 보니 날이 이미 캄캄해졌다. '오늘 밤은

자지 말아야겠다.'

 훈풍이 불어오는 늦봄이라고는 하지만 밤에는 제법 차가운 기운이었다. 이보다 더한 추위도 혼자 길바닥에서 견딘 적이 많았다. 귀철이 경동시장 근처를 배회하다가 어느 처마 밑에서 잠깐 잠이 들었었나 보다. 설핏 새벽 상인들의 시끄러운 소리에 눈을 떠보니 이른 새벽이었다. 어제와는 다른 아침이었다. 오늘은 찾아가고 싶은 곳이 있다. 꼭 다시 학교에 가서 형과 누나들을 만나리라는 생각에 배도 고프지 않을 정도였다. 신기한 체험이었다.

 귀철은 경동시장 안쪽 슈퍼마켓에 가서 껌을 두 통 샀다. 처음에는 껌을 한번 팔아보자는 생각이었다. 맘씨 좋고 친절한 형과 누나들이라면 껌을 사 줄 수 있을 거라는 기대가 있었다. 하지만 그 기대보다는 뭔가 다시 학교를 찾아가야 하는 이유를 만들어야 했다. 그러려면 명분이 있어야 했고 생활고를 해결하는 어린 소년의 코스프레가 좀 필요했다고 생각했다. 학교 교문을 지나 왼쪽 방향으로 쭉 걷다 보면 제일 먼저 하얀 건물의 학생회관이 있다. 그 앞 광장에는 잔디가 심어져 있고 학생회관 왼쪽으로는 교양관이라는 건물이 있었다. 거기서 우측으로 직진하면 신문을 만들고 방송도 하는 홍보관이 있었고, 그 옆에 컵라면이나 담배를 개비로 파는 작은 컨테이너 박스가 있었다. 학생들은 그곳을 '깡통'이라고 불렀다. 그 깡통을 지나 오른쪽 비

탑길을 조금 오르면 시계탑이 있는 오래된 벽돌 건물이 나온다. 그걸 문과대 건물인 서관이라고 했다. 서관에는 문학, 철학, 역사 등을 전공하는 학과 학생들이 강의를 듣는 곳이었다. 그 맞은 편이 어제 귀철이 잠을 잤던 정경대 건물이었다. 단 하루를 지냈을 뿐인데도 그곳이 떠난 고향이라도 되는 듯 너무 반가웠다. 당장이라도 덥석 들어가 보고 싶지만 그럴 수는 없는 노릇이었다.

귀철은 교양관 앞 민주광장이라는 넓은 잔디밭에 자리를 잡았다. 껌을 팔겠다는 생각은 애초부터 없었지만 조그마한 꼬마 아이가 잔디밭에 껌을 낱개로 펼쳐 놓고 판다고 하니 지나가는 형과 누나들이 관심을 보였다. 얼마에 파는지 물어보는 사람도 있었고 왜 여기서 이러고 있냐고 물어주는 형들도 많았다. 다들 모르는 낯선 시골 아이일 뿐이었는데도 그냥 지나치는 사람들이 별로 없었다. 동전을 주고 가는 형도 있었고, 껌을 팔고 있는데도 껌을 주는 누나도 있었다. 해가 중천에 뜬 시간인데도 배가 고프지 않았다. 귀철은 어제 본 형, 누나 중에서 자기를 알아볼 사람이 지나가기를 기다렸다. 사람들이 귀철을 신기하게 바라보듯 귀철도 지나가는 사람들을 신기하게 바라보았다. '이런 곳이 대학이구나.'

귀철은 물론 누나 역시도 한 번도 꿈꿔 본 적도, 생각의 울타리에 넣어 본 적도 없는 데가 대학이었다. 책을 끈 같은 것으로 돌돌 말아서 가슴에 안고 발랄하게 걷는 예쁜 누나들이 한 떼 지나가고 나서 어제 만났던 형 하나가 가까이 다가왔다. 우락부락하게 생긴 데다 수염도 안 깎아서 좀 지저분해 보였다. 무엇보다 어제 정경대 학생회실에서 귀철에게 말을 한마디도 걸지 않아서 더욱 기억에 남는 형이었다.

"너 왜 아직도 여기 있어?"

"어, 병준이 형! 안녕하세요."

어제 들은 이름이 얼핏 떠올랐다.

"어쭈. 내 이름도 기억하네. 그래. 반갑다. 근데 이건 또 무슨 껌이야? 껌 장사 하니 너? 짜식, 생활력 있네."

"장사하는 거 아니에요."

귀철은 얼른 껌을 까서 형 입에 넣어주었다. 얼떨결에 입에 넣고 우물거리며 껌을 씹던 형은 한참을 귀철을 바라보더니 이것저것 자세하게 또 물었다. 엄마 아버지에 관한 사연에서부터 가족관계와 학교 등등. 귀철은 엄마와 아버지 모두 병으로 돌아가셨다고 말했다. 거짓말이 조금 켕기기는 했지만 이 형에게 아버지가 시골에 있다고 말하면 꼭 집으로 보내버릴 것만 같았다. 형은 약간 애매한 표정으로 귀철을 한동안 쳐다보더니 호기롭게 말했다.

"야, 오늘 형 집에 가서 자자."

귀철의 사전에 낯선 사람은 없다. 새로운 사람을 따라나서려면 조금은 두려운 마음이 드는 게 당연할 수 있다. 하지만 지난 과정을 헤아려 보면서 귀철은 자신이 도사가 다 된 거 같다는 생각이 들었다. '내게 말을 걸어주고 나를 알아봐 주는 사람이다. 나를 해칠 리가 없어. 게다가 여기는 대학교잖아.' 무섭거나 두렵지 않았다. 이제껏 살아온 삶보다 어린 귀철에게 더 무섭고 두려웠던 것들이 있었을까? 사람이 궁지에 몰리거나, 너무 힘든 일을 겪다 보면 모든 오감은 다 무뎌지고 에너지가 한쪽으로 몰려 오직 한 가지 감각인 육감만이 살아서 펄떡거리는 법인가 보다. 귀철은 느꼈다. '이들은 절대 나를 해치지 않는다.'

그렇게 귀철은 병준 형 집에 가서 따뜻한 밥을 먹고 샤워도 했다. 나름 요와 이불이 있는 이부자리에서 잠도 청할 수 있었다. 우락부락한 외모와는 달리 병준 형은 마음이 무척 따뜻했다. 늦게 들어온 여동생을 골목 어귀까지 마중을 나가서 함께 들어오는 오빠였다. 형의 여동생이 귀철을 보며 누구냐고 묻자, 형은 피식 웃으며 "니 동생."이라고 대답한다. 귀철은 눈물이 핑 돌 뻔했다. '저들의 동생이 되고 가족이 되고 싶다. 누군가로부터 돌봄을 받고 또 그들을 믿고 의지하면서 그렇게 살 수만 있다면.'

그렇게 며칠을 형 집에서 지낸 어느 날, 저녁을 먹고 사과까지 한 알 먹고 나서 병준 형 방으로 들어갔다. 책꽂이에는 《해방 전후사의 인식》, 《전환시대의 논리》 같은 서적들이 꽂혀 있었다. 귀철은 무심히 한 권을 빼서 읽어 본다. 최인훈의 소설 《광장》이었

고려대 형, 누나들과 함께한 1987년.

다. '모르는 사람들 사이에서는 성격을 골라잡을 수 있다.'라는 문장으로 시작하는 소설이었다. 어린 귀철은 그게 무슨 말인지 이해할 수 없었지만 또 한편으로는 이해할 수도 있을 것 같았다. '그러니까 나를 모르는 형, 누나들한테 내가 좀 더 말도 잘 듣고 착한 아이 노릇을 하면 그게 바로 성격을 골라잡는 거 아닐까?' 병준 형이 세수하고 수건을 목에 걸친 채 방으로 들어왔다.
"너 책 좋아하니?"
귀철이는 고개를 끄덕였다. 사실 그렇게 책을 좋아하지는 않았지만 공부를 잘해서 고려대학교에 들어온 형들이니까 좋아한다고 말하는 게 아무래도 유리할 것 같았다. 그는 책상 서랍을 여기저기 뒤지더니 책을 한 권 꺼내서 귀철에게 건넸다.《이야기 한국사》였다. 귀철처럼 어린이를 위해 특별히 만들어진 책이었다. 내용이 쉽고 삽화도 있었다. 늦은 시간이라 조금 졸리기는 했지만 그 책을 가슴에 꼭 안고 몇 장 펴 읽다가 잠이 들었다. 뭘 읽었는지는 잘 기억에 없지만 그냥 책을 읽고 있는 자신이 그럴 듯해 보인다고 여겼던 것 같다.
다음날 아침 병준 형은 등교 준비를 하고 있었다. '무작정 형을 따라가야 한다.' 형이 들고 있었던 책 몇 권을 받아 들어서는 씩씩하게 학교로 향했다. 그냥 좋았다. 이렇게 안전하게, 아버지한테 맞을 걱정 없이, 시골집으로 쫓아낼지도 모른다는 두려움 없이, 또 밥을 굶을 걱정 없이 살 수 있는 날들이 있을 줄이야. 발

열다섯이 된 귀철의 앳된 모습이다. 또래 아이보다 더 어려 보인다.
1988년 2월 25일 고대 졸업식 때의 사진.

걸음도 가볍게 형을 따라 들어간 정경대학 학생회실은 그래도 구면이라고 형들도 반가웠고 낯설지 않아서 고향에 온 것 같았다.

"야, 너 또 왔냐?" 하고 아는 척하는 형도 있었고 떡볶이를 먹자고 데리고 나가는 형도 있었다. 그냥 먹을 수 있는 게 좋았고 자기를 내치지 않고 사람의 영역에 넣어주는 형들이 눈물 나게 고마웠다. 그날은 학생회실에서 형들이 모여 회의를 한다고 했다. 귀철은 책도 정리하고 책상도 닦았다. 뭐라도 해야 할 거 같았다. 방해하지 않겠다는 약속을 하고 형들은 귀철을 한 귀퉁이에 앉게 했다. 거의 서너 시간 이상 동안 형들은 책 읽은 내용을 요약해 발표하고 토론 했다. 대화 도중 언성을 높여 치열한 논쟁을 벌이기도 했다. 귀철의 눈에는 함께 토론하는 예닐곱 형, 누나들이 모두 똑똑해 보였다. 뜻은 모르지만 어쩐지 그들이 하는 말이라면 다 맞을 것 같았다.

나중엔 그렇게 대화하고 토론하는 모임이라는 게 '세미나'라는 단어라는 걸 알게 되었다. 그 날 세미나 후, 형들은 학교 정문 앞 막걸리 가게인 고모집에 몰려가 막걸리와 고갈비를 먹었다. 고갈비는 고등어를 빠삭하게 구운 생선구이였을 뿐인데, 이름이 고갈비라 그런지 더 맛있게 느껴졌다. 그날 저녁엔 방배동에 사는 진규 형 집에 가서 자게 되었다. 형들은 어린 귀철을 학생회실에 재울 수 없으니 돌아가면서 누가 데리고 가서 재우는 게 어떻겠냐고 의논했다. 진규 형 집은 정말 텔레비전 드라마에서 보는 것처럼 으리으리했다. 들어갈 때 커다란 마당을 가로질러 갔고, 거실에 일자가 아닌, 기역 자 모양을 한 엄청나게 커다란 소파도 있었다. 그 소파에 앉으면 잘 가꾸어진 정원이 보이는 그런 자리였다. 형 친동생이 중앙대 농구 선수 허재와 한 팀에서 운동한다는 말도 들었다. 참으로 신기했다. 이 모든 게 귀철에겐 상상조차 하지 못했던 광경이었다. 그날 귀철이 고민한 것은 오직 한 가지였다. '저 소파에 앉아도 될까?'

무엇보다 안락하게 누울 수 있는 공간이 있고 천장이 있는 멋들어진 집에 와 있다는 게 마냥 행복했다. '더욱이 이런 으리으리한 집이라니.' 소파에 한 번 앉아 보고 싶었지만 형과 가족들이 어떻게 생각할지 몰라 본능적으로 앉은 공간이 최소한이 되도록 일부러 몸을 오그리고 주의를 기울였다. 사람들은 귀철에 대해 오해하는 경우가 가끔씩 있다. 그것은 어린 시절부터 세상을 떠돌고 집이 아닌 낯선 사람들과 다양한 경험을 한 아이라서 귀철이 자유분방할 뿐 아니라 틀에 박힌 생각을 하지 않을 거라는 짐작 같은 것이다. 사실 귀철의 성격은 이와 정반대였다. 튀는 행동을 결코 하지 않는다. 남들이 일어날 때 따라 일어나야 하고 남들이 숟가락을 놓을 때 더 먹고 싶어도 참고 그만 먹어야 했다. 그건 생존을 위해 길러진 오랜 습관 같은 것이기도 했다. 아무 걱정 없이 자유롭게 마음껏 노닐 수 있는 권리가 애초에 귀철에겐 없었던 것이다. 귀철은 나이가 들어도 정리 정돈을 하고, 주변을 살피고, 눈치를 봐야 했다. 그래서인지 귀철은 아이들에게 엄격한 아빠라는 말을 듣는다. 또 그 엄격함이 아들 녀석들의 불만을 사기도 한다. 하지만 몸에 밴 습관은 어쩔 수 없는 일이다.

7

정돌이로 살았던 시간들

중학생은커녕 초등학교 저학년처럼 보이던 귀철도 정경대에서 생활한 지 얼마 지나지 않아 조금씩 살이 올라왔다. 마음껏 씻을 수도 있었고 한 끼니를 두 번씩 먹는 날도 있었다. 지나가면서 귀철을 만나는 형들이 늘 물었다.

"밥 먹었니?"

이미 밥을 먹었어도 귀철은 늘 밥 사 준다는 형들을 따라갔다. 세상에서 가장 풍족한 공간 중의 하나인 식당에서 형들이 밥을 먹거나 술을 마시며 이런저런 얘기를 하는 걸 듣고 있는 게 정말 좋았다. 형들이 담배를 피우거나, 막걸리나 소주를 마실 때 귀철은 굳이 밥이 아니어도 옆에서 젓가락을 들고 김치를 먹고 안주를 집어 먹었다. 형들의 대화 주제는 시시콜콜한 일상이나 연애 얘기도 많았지만 주된 이야기는 현실 정치에 대한 울분과 성토였다. 한번은 정경대 건물 화장실에 다녀오는데 어느 교수님이 귀철을 불렀다.

"얘, 꼬마야! 니가 바로 그 유명한 녀석이구나."

교수님은 이름을 모르니 그냥 꼬마라 불렀다. 그러고선 인자하게 귀철을 바라보면서 넌지시 물었다.

"너 요 앞 복사 가게로 심부름 좀 갔다 올 수 있겠니?"

물을 필요도 없는 질문이었다. 당연히 할 수 있었다. 그보다 더한 일들도 얼마든지 할 수 있는 귀철이었다. 술에 취한 아버지가 머리를 깨고 들어오면 붕대를 매고 2킬로 떨어진 동네 의원까지 아버지를 끌고 갔던 귀철이었다. 그깟 복사물 찾는 일쯤이야. 교수님은 복사물 찾을 돈에 심부름 값까지 얹어주면서 빨리 다녀오라고 했다.

귀철은 날아갈 듯 달려갔다. 푸른 잎들이 그늘을 드리우는 학교 캠퍼스가 활기로 가득할 때였다. 하늘은 높고, 바람은 따뜻했고, 귀철을 감싸는 세상이 아름다웠다. 어리기만 한 연녹색 잎들이 이제 제법 짙은 녹색이 되어 가는 계절이었다. 춥지 않았고 몸을 옹크리지 않아도 괜찮았다. 뭔가를 할 수 있었다. 이곳에 머물며 밥만 얻어먹고 잠만 얻어서 자는 게 아니라 누군가를 위해 필요한 어떤 일을 할 수 있다는 게 귀철의 자존감을 북돋웠다. 가능한 빨리 미션을 수행해야 했다. '얼른 복사물을 찾아다 드려서 교수님을 기분 좋게 해드려야겠다.' 날 듯이 달려가는 귀철을 뒤에서 수위 아저씨가 부른다.

"얘, 정돌아! 뛰지 마. 다쳐."

귀철의 이름은 정돌이로 통했다. 정경대에 죽치고 있는 죽돌이란 뜻이었겠지만, 당시에는 죽돌이라는 말이 흔치 않았으니 정경대에 살고 있는 꼬마, 그런 의미로 다들 정돌이라고 불렀다. 일본 애니메이션 중에 〈마루밑 아리에티〉라는 영화가 있다. 오래된 저택의 마루 밑에서 인간의 물건을 빌려 쓰며 살던 소인들이 인간들의 다정한 모습에 조금씩 마음을 열고 인간과 가까워지기 시작한다. 하지만 다른 인간에게는 발각되어서는 안 된다. 결국 그런 규칙을 어기고 인간에게 다가간 아리에티에게 위험이 닥치는 내용이다. 정돌이는 어찌 보면 그런 아리에티였는지도 모르겠다. 사람들 눈에 보일 듯 보이지 않지만, 언제부터인가 사람들과 함께 섞여 살며 존재감이 드러내는 아리에티. 결국 그들과 같이 비바람을 이겨내고 가족이 되는 아리에티처럼 귀철에게도 평온한 날만이 계속되는 것은 아니었다.

칠흑 같은 엄혹한 시대, 1987년 봄이었다. 밥을 얻어먹고 사람들에게 귀여움을 받고 보호만 받던 정돌이 귀철의 눈과 귀에도 많은 정보와 뉴스들이 전해졌다. 그날은 아침부터 학내가 유달리 고요했다. 폭풍전야라고 하던가. 좋지 않은 어떤 일이 일어나기 전에 과도하게 분위기를 누르는 그 고요한 느낌과 불안한 정적이 학생회관과 민주광장 주위를 휘감았다. 모두들 오늘을 위해 준비한 각자의 역할을 수행하기 위해 제 자리에서 소리 없

6월항쟁을 앞두고 엄청난 인원이 대운동장에 운집했다.
고대생들의 투쟁 열기가 그 어느 때보다 높았다.

경찰에게 연행되어 가는 시위 대학생.

는 움직임으로 분주했다. 점심시간이 조금 지난 이른 오후, 귀철이가 잘 아는 총학생회의 누나 하나가 학생회관 4층에서 구호를 외치기 시작했다. 민주광장에서는 이미 각자의 자리에서 준비하고 있던 형들이 스크럼을 짜고 광장을 가로질러 학생회관 앞으로 삼삼오오 모여들었다. 대오는 점점 불어났고 어깨동무를 한 선두 대열이 바로 정문 쪽으로 뛰어나갔다.

그즈음 귀철도 충격적인 소식을 들었기에 왜 고려대 형, 누나들이 성난 파도가 되어 수천 명 시위대에 운집했는지 어렴풋이 알 것 같았다. 귀철은 고대생들이 외치는 "박종철을 살려내라!", "고문살해 은폐조작 전두환 정권 타도하자!", "호헌철폐 독재타도!" 등의 강렬한 구호가 온 천지를 뒤덮는다고 느꼈다. 엄청난 규모의 시위대가 정문 앞으로 행진하자 곤봉을 든 안드로메다 군단 같은 전경들이 수백 수천의 최루탄을 난사했다. 일순 교문과 대운동장 일대는 자욱한 최루탄 연기로 가득했고 페퍼포그 몇 대가 독가스를 뿜어댔다. 말 그대로 전쟁 같은 광경이었다.

귀철은 고대생 시위 현장을 처음 목격했을 때 큰 충격을 받았다. 우선 전투경찰과 백골단 사복형사들의 시위 진압이 너무나 무서웠다. 마치 학생들을 죽이기라도 하겠다는 살기가 느껴질 정도였다. 아버지의 구타가 작은 폭력이라면 경찰들의 폭력은 마치 적국의 군사들에게 가하는 총격 같다는 생각이 들었다. '총을 쏘며 적을 죽이는 오락실의 게임 같은 게 현실에서 벌어지다니.

여기 고려대는 정말 다른 세상인가?' 하지만 그것보다 귀철을 더 놀라게 한 것은 따로 있었다. 그것은 고대생 형, 누나들이 보여주는 투지였다. 경찰에 맞서 결코 물러서지 않고 싸우는 모습에 귀철은 입을 다물 수 없었다. '저 형, 누나들은 몸을 돌보지 않고 왜 저렇게까지 시위를 하는 걸까? 다들 머리가 좋고 착하고 멋진 형, 누나들인데… 왜?'

하지만 그보다 더 놀라운 것은 매번 대규모 집회가 벌어지고 있는 시위 열기였다. 일주일에 두세 번씩 민주광장에 운집한 고대생들의 숫자는 상상을 초월했다. 귀철은 민주광장에 모인 고대생들의 숫자를 세어보다가 몇 번이나 그만두었다. 민주광장은 물론 교양관, 홍보관, 대강당에 이어 서관으로 올라가는 언덕에까지 몰려든 학생들의 숫자를 도저히 파악할 수 없었기 때문이다. 집회 광경도 장관이었다. 각 학과나 서클(동아리) 단위로 깃발을 들고 나왔을 뿐 아니라 수십 개는 훨씬 넘어 보이는 플래카드가 형형색색으로 펼쳐진 가운데, 마이크를 잡은 형의 선창에 따라 다 같이 구호를 외치면 그 소리가 온 천지에 울리는 것 같았다. 민주광장에서 불과 몇십 미터 떨어진 정경대에 살고 있던 귀철은 모든 집회에 참여했고, 매번 그 광경을 넋을 놓고 바라보곤 했다. 귀철은 집회에 참석할 때마다 매번 마음속 깊은 곳에 실체를 알 순 없지만, 어떤 열정의 기운 같은 걸 느끼곤 했다.

너무나도 뜨거운 1987년 5월. 귀철은 시위 대열에 함께하면

고대 정문 앞에서 시위하는 고대생들.
최루탄 난사에 이어 페퍼포그가 뿜어낸 가스로 인해
정문 앞은 전쟁터를 연상케 할 정도로 어지럽다.

서 최루탄이 난무하는 운동장으로 달려가 치약을 날랐다. 눈 아래 치약을 짜서 바르면 최루탄을 견딜 수 있다는 말을 듣고 열심히 투쟁하는 형들을 위해 무언가를 해야 했다. 귀철은 형, 누나들을 따라 가두시위에도 여러 번 참여했다. 가두시위는 학교 집회보다 더 치열했다. 거기서 귀철은 사복 경찰에 잡혀 무수히 구타당하고 질질 끌려 닭장차에 실려 가는 형, 누나들을 직접 목격하면서 엉엉 울고 말았다. 너무나 슬프고 가슴이 찢어질 듯 마음이 쓰렸다. 자연히 폭력경찰에 대한 분노가 생겨날 수밖에 없었다. '나를 이토록 챙겨주고 아껴주는 형, 누나들을 저렇게 모질게 구타하다니. 저 경찰들은 악마가 틀림없다.'

그뿐 아니었다. 귀철은 더 끔찍한 소식을 접하며 낙심했다. 정경대 근처에서 자주 만나고 인사를 나누었던 형, 누나들 중 몇 명이 하룻밤 사이에 구속되었다는 얘기를 들은 것이다. '감옥이라니, 아니, 왜? 이렇게 착한 형, 누나들이 왜 감옥에 가야 하지? 아버지처럼 매일 술을 먹고 자식을 패는 사람도 경찰이 와서 잡아가지 않는데, 왜 바른말을 하는 사람들을?'

귀철 머릿속에는 물음표가 한가득이었다. 궁금한 마음과 답답함으로 속이 상해 가슴이 거의 터질 지경이었다. 귀철이 '광주'라는 단어를 가슴에 심은 때가 그즈음이었다. 이전까지는 전혀 모르던 말이었다. 왜 형들이 철 지난 낡은 광주 얘기를 하는지 그저 궁금했을 뿐이었는데, 우연히 형들을 통해 광주민주화운동자료들과 사진을 접하게 되었다. 대통령 각하라고 불렀던 사람이 국민을 죽였고 때렸다. 그에 대해 저항하는 사람들에 관한 뉴스나 소식은 제대로 알 길이 없었다. 하물며 광주 사람들도 실체를 전부 알지는 못할 만큼 언론은 통제되어 있었다. 그랬던 군사정권이 계속 서슬 퍼런 칼날을 휘두르며 조금이라도 저항하는 모든 세력들을 탄압하고 있다고 했다. 그렇게 총칼로 국민 위에 군림하며 온갖 만행을 저지르고 있는 군사독재 정권을 반드시 무너뜨려야 한다는 게 형들의 굳건한 생각이었고 신념이었다.

어린 마음이지만 귀철 맘속에도 작은 불씨가 심어졌다. 1987년 4월 23일, 군사정권은 직선제 개헌을 하지 않겠다고 일방적으로 발표했다. 이에 대해 광주에서 학살을 자행한 신군부 세력이 여전히 폭력적으로 권력을 휘두르겠다는 망발이라는 어느 형의 설명을 들었다. 정치에 대해 이해할 수 없는 부분이 많았지만, 군사정권이 점점 더 악마가 되어 간다고 걸 귀철도 알 수 있었다. 1987년 5월이 깊어지면서 귀철은 누가 누가 이제 곧 '동'을 뜰 거라느니 '택'을 한다느니 하는 소리를 심심찮게 들었다. 그리고 학내에 경찰의 사주를 받은 프락치가 많으니 조심하라는 얘기도 들었다. 무섭기도 하고 한편으로는 가슴이 두근거리며 묘한 설렘도 생겼다. 처음 겪었던 시위에서의 놀라움과 두려움이 조금씩 사라졌고 시간이 지날수록 점점 익숙한 일이 되었다.

그해 6월로 향하는 시간은 귀철에게도 아주 특별한 경험이었다. 1987년 5월의 격렬한 시간을 거치고 6월이 되었을 때, 고려대 캠퍼스의 분위기는 확연히 바뀌었다. 5월보다 더 많은 고대생들이 민주광장은 물론 대운동장, 본관 앞, 도서관 앞에서 '군사정권 타도와 직선제 개헌'을 소리 높이 외쳤다. 평소 시위에 잘 나오지 않던 학생들까지 모두 수업 거부를 결의하고 군사정권에 대한 분노의 목소리에 힘을 보탰다. 집회 참여 인원이 5,000명을 훨씬 웃돌 정도로 어마어마했다. 모든 고대생이 집결했을 정도로 엄청난 숫자를 확인하고는 모두가 믿기지 않은 표정을 지을 정도였다. 그만큼 열기는 후끈 달아올랐다. 그것이 1987년의 위대한 6월항쟁의 시발점이었음을 귀철이 알 리는 없었다.

이 와중에 연세대 이한열 학생이 머리를 정조준한 전경의 최루탄에 맞아 사망하는 사건이 벌어졌다. 6월 9일이었다. 전 국민이 분노했다. 다음날 6월 10일, 마침내 6월항쟁의 봉화가 타올랐다. 이한열 열사의 안타까운 사고 이후 연세대에서 여러 번 연합 집회가 열렸을 때, 귀철 역시 고대생 형들을 따라 연세대 원정 시위에 빠지지 않았다. 귀철이 할 수 있는 거라고는 옆에서 형들을 응원하며 목소리를 보태는 일뿐이었다. 연세대 백양로가 길어 고대보다도 최루탄의 사정거리가 길어 시위대에게 유리했다. 후덥지근한 장마철이 접어들기 전, 귀철은 6월항쟁의 정점인 이한열 열사 장례식이라는 역사적 현장을 직접 목격했다. 6월 29일, 발 디딜 틈 없이 시청광장에 운집한 100만 인파 속에 어린 귀철

1987년 6월 29일 이한열 장례식, 시청 앞에 100만 인파가 모였다.
이 자리에 열네 살 정돌이가 함께했다.

도 펑 도는 눈물을 머금고 한 사람의 시민으로 어엿하게 서 있을 수 있었다. 영원히 잊을 수 없는 장면이었다. 감격이었다.

장엄한 역사 현장의 일원이 되었지만, 귀철은 까까머리가 어울리는 14살 꼬마로서 유난히 학생회관에서 노는 걸 좋아했다. 학생회관의 위 아래층을 헤집고 다니며 놀다가 형들이 부르면 달려가 심부름도 하고 밥을 사 주면 얻어먹었다. 학생회관은 민주광장 정중앙과 맞닿아 있는 건물로 강의실로 가득 찬 다른 건물들과 비교해 아이들이 놀기에 안성맞춤이었다. 탁 트인 공간은 물론 학생회관을 가득 채운 각 서클룸의 형, 누나들을 쉽게 만날 수 있어 특히 좋았다. 계단을 오르락내리락하면서 장난치기도 적당했고, 무엇보다 정감이 가는 민주광장을 가장 가까운 거리에서 한눈에 볼 수 있는 게 마음에 들었다.

그렇게 놀고 있던 어느 날, 매번 비싼 소고기국밥을 사 주는 정효 형을 학생회관 앞에서 만나게 되었다. 그 형은 만나자마자 반가운 얼굴로 귀철을 국밥집으로 데리고 갔다. 이미 점심을 먹어 배가 부르다는 데도 정효 형은 막무가내였다. 그냥 먹으라는 거였다. 정효 형은 정경대 후문 쪽에 있는 장백서점 옆 색연필분식에서 콩나물비빔밥을 더러 사 주기도 했지만 대부분은 비싼 소고기국밥을 매번 귀철에게 먹였다. 그 형 성격을 잘 아는지라 귀철은 씩씩하게 국밥 한 그릇을 다 비웠다. 배가 불러 괴로운 적은 가끔 있었지만 먹기 싫은 적은 단 한 번도 없었다. 형이 사 주는 건 늘 밥이 아니라 따뜻한 애정이었다.

'고대에서 거주하는 14살 꼬마' 얘기가 고대 곳곳에 소문이 날 무렵, 귀철은 쫓겨 다니던 예전과는 확연하게 바뀌었다. 활달한 소년으로 변모했을 뿐 아니라 활동 영역도 넓어졌다. 정경대에서만 서성이던 것에서 벗어나 학생회관과 문과대 서관으로 그리고 본관을 거쳐 사범대까지 그 범위를 넓혔다. 사범대에는 정경대와 달리 다정하고 예쁜 누나들이 많았다. 특히 머리를 쓰다듬어 주는 누나들이 있어서 더욱더 좋았다. 그럴 때마다 청계천 어딘가에서 미싱을 밟고 돌리고 있을 누나 생각이 간절했다. 사범대 쪽에서도 형, 누나들에게 귀여움을 독차지하자, 귀철을 미래의 교육자들이 키워야 한다며 사범대에서 키우겠다는 말까지 나오게 되었다. 이에 정경대 형들은 "사람이 고향을 떠나면 안 된다."라고 응수하며 완강히 거부했다고 한다. 서로 귀철을 키우겠다고 옥신각신 다투었다는 우스꽝스러운 얘기는 지금까지도 두고두고 얘깃거리가 되었다. 한번은 사범대의 혜숙 누나가 소문을 듣고 귀철을 만나러 왔다.

"얘. 니가 귀철이니?"

누나는 그때 커트 머리에 청바지 그리고 늘어진 티셔츠 차림이던 학생회 누나들과는 복장 자체가 완전히 달랐다. 놀랍게도 어여쁜 원피스 차림이었다.

"네. 맞는데요."

경계심을 가질 필요는 없었다. 어차피 고대 내에서는 누구나 자신을 보호해 주는 것을 잘 알고 있었다. 누나는 그날 저녁 자기 집에 가자고 제의했다. 조그만 동네 병원을 하던 누나네 집은 보기에도 따뜻했고 예쁜 가구들이 많았다. 누나네 가족들은 귀철을 이미 알고 있었다는 듯 따뜻하게 대해주고 맛있는 저녁도 함께 먹었다. 다음날 누나는 학교에 가지 않았다. 귀철에게 샤워를 하라고 한 후에 미리 준비한 선물을 귀철에게 건넸다. 멋진 옷과 운동화였다. 그런 후 누나는 귀철을 데리고 버스를 탔다. 잠시 후 도봉산 입구 어디쯤에서 내렸다. 거기서부터 한 시간쯤 헉헉거리고 산에 올라가니 작은 암자가 보였다. 거기 스님들과 누나의 어머니가 잘 아는 사이였던 모양이었다. 절을 향해 걷던 누나는 귀철에게 진지하게 말했다.

"지금은 니가 학교도 안 다니고 사람들이 널 어리니까 귀엽다고 여기저기 데리고 다니고 그러잖아. 이렇게 지내면서 나이를 먹으면 넌 나중에 후회하게 될 거야. 그러니 이 절에 당분간 기거하면서 중학교, 고등학교를 마치는 검정고시를 공부하고, 대학도 가고 그러면 어떻겠니?"

그 누나가 귀철을 종교에 귀의하게 하려는 의도는 전혀 아니었지만, 귀철은 산속에서 스님들과 함께 생활한다는 게 갑갑하고 싫은 생각이 들었다. 아니, 그보다는 좋아하는 형과 누나들을 못 볼 수도 있다는 생각에 마음이 울적해졌다. 세상 어느 곳에 가더라도 고려대학교 형, 누나만큼 마음을 둘 사람들을 당시에는 못 만날 거 같은 불안감 때문이었다. 혜숙 누나는 어린 귀철이 계속 대학교에서 지내다 보면 제대로 클 수 없다고 여긴 것 같았다. 모두가 고맙고 좋은 사람들이었다. 지금 생각해 봐도, 어린 대학생이 자기보다 훨씬 어린아이를 보호하겠다고 이런저런 호의를 베푸는 일이 그렇게 쉬운 일은 아니었다. 절에서 지내기는 싫다고 얘기하자, 혜숙은 오래 설득하지 않고 귀철 의견을 존중해 주었다. 그 후로도 혜숙 누나는 귀철을 시장에 데리고 가서 분식도 사 주며 늘 말하곤 했다.

"잘 커야 한다. 알았지?"

8

잃어버린 장구

귀철이 정경대를 떠나 학생회관으로 진출해 처음 구경한 곳은 '탈사랑우리'라는 서클(동아리)이었다. 몇 해 전 작고한 백완승 씨가 만든 동아리였다. 백완승이라는 분은 여성의 몸으로 노동운동과 사회운동에 헌신함으로써 후배들의 존경을 받았던 대선배였다. 귀철은 탈사랑우리를 통해 탈춤에 관해 많은 것을 배웠다. 마당극에서 빠질 수 없는 탈춤은 신분과 성별을 숨기고 해학적인 내용을 거침없이 담아낼 수 있다는 점에서 큰 매력을 지녔고 80년대의 기층문화를 대표하는 예술이었다. 특권계급과 권위주의 체제에 대한 거센 반항과 치열한 비판의식을 드러내면서 당시 대학가에서 상당히 인기가 있었다. 우연히 형들이 대동제 축제 때 모닥불을 피워놓고 탈춤 추는 걸 보게 된 게 계기였지만 귀철은 탈춤보다는 반주하는 피리, 장고, 북, 꽹과리 등이 어우러진 소리에 더 마음이 갔다.

하루는 대자보를 만드는 형들을 돕기도 하고 화염병 나르는 심부름을 하다가 우연히 멀리서 들리는 장구 소리에 마음을 빼앗겼다. 그래서 그 소리가 나는 곳으로 무심결에 달려갔다. 어느 낯선 형이 장구를 치고 있었다.

"누구니?"

순간적으로 멈칫했다. 그동안 그렇게 쌓아왔던 넉살은 어디로 가고 입이 얼어붙는 느낌이 들었다. 문득 총학생회에서 여학생 대표로 있던 인숙 누나가 떠올랐다.

"저, 임인숙 누나 동생이에요."

많은 시간이 지난 지금도 그때 왜 그렇게 황당한 답변을 했는지 도무지 알 수가 없다. 그냥 정돌이라고 말했으면 되었을 텐데. 그 형은 그때까지 정돌이라 불리던 귀철을 알지 못했다. 순간적으로 자기가 누구인지 설명하지 못하면 더 이상 장구 소리를 들려주지 않을지도 모른다는 불안감 때문이었을까.

"아. 니가 인숙이 동생이야? 근데 여긴 어떻게 왔니? 누나 찾으러 온 거야?"

형은 반갑게 귀철을 보며 들어오라고 손짓했다. 고대에서 생활하게 된 이후 귀철은 수많은 노래를 들었다. 형들이 부르는 운동가요는 귀가 따갑도록 많이 들었고 탈패 공연을 보면서 피리 소리, 북소리 등도 자주 들었다. 귀철은 그중에서 장구 소리를 가장 좋아했다. 그 소리를 들으면 왠지 심장이 울리는 것 같았다. 연천의 군부대에서는 늘 나팔 소리가 울려 퍼졌었다. 아침이면 일어나기 싫은 깊은 꿈속에서 나팔 소리가 들렸고, 그 소리는 늘 귀철의 단잠을 선잠으로 바꿔 놓았었다. 그날의 장구는 귀철의 잠을 깨우는 나팔 소리였다. 어디선가 새벽을 가르며 귀철이 잠든 문 앞까지 다가와 어서 일어나라고 잠을 깨웠다. 궁, 따, 덩, 다르르르, 기따. 얼핏 보면 타악기인데, 음양의 차이처럼 부드러운 소리와 날카로운 소리가 함께 뒤섞여 환상의 멜로디를 만들어 내는 듯했다. 신기했다. 귀철은 장구를 치고 있는 형을 넋을 놓고 바라보면서 자기가 임인숙 누나의 동생이라고 거짓말을 했다는 사실조차 잊어버렸다.

광진 형은 그날 이후로 귀철의 영웅이자 스승이 되었다. 왼손 오른손을 교차하며 신들린 듯 치는 형의 손놀림 속에서 들려오는 장구 소리는 투박하면서도 깊은 울림이 느껴지는 박자와 얇고 가늘지만 끈기가 느껴지는 가락의 오묘한 혼합으로 느껴졌다. 어릴 때 엄마에게 어리광을 부리며 떼쓰느라 발을 구르던 소리, 상계동 골목길에서 아이들과 딱지치기를 하거나 말타기 놀이를 할 때 타다닥 하며 달려가던 소리, 너무 추워 세상까지 다 얼어붙었던 날 연천 집 부엌에서 가을에 해놓은 나무에 불을 붙이면 타닥타닥 타는 소리. 장구를 칠 때면 그 모든 소리를 들을 수 있었다.

광진 형은 공부를 잘했다고 한다. 듣기로는 영문과를 수석으로 입학했지만 학과 공부는 팽개치고 동아리에서 장구와 북만 치면서 지낸다고 했다. 탈을 쓰고 춤을 췄고, 각설이의 품바를 전부 외워 사람들 앞에서 들려주곤 했다. 서관 농구장에는 당시 조명이 없었기 때문에 탈패 형들이랑 풍물패가 함께 공연할 때는 모닥불이나 횃불이 조명의 전부였다. 활활 타는 조명을 받으며 덩실덩실 탈춤을 추는 형들의 움직임과 장구, 북이 공명을 일으키는 하모니는 가만히 듣기만 해도 사람의 영혼을 흥분시키기에 충분했다.

형, 누나들이 계획을 세워서 데모에 나갈 때에도 언제나 풍물패가 함께였다. 선동하기로는 북소리, 장구 소리, 징 소리보다 더 좋은 게 없었다. 광진 형에게서 악기 다루는 것을 열심히 배운 귀철도 어느덧 장구를 매만지며 채를 잡게 되었다. 서툰 솜씨로 형들 흉내를 내며 장구를 두들겼다. 손목의 스냅만으로 부드럽게 약한 소리를 내거나 몸 전체의 무게를 실어 큰 소리를 내며 강약을 맞춰 장구를 치고 있으면 형, 누나들이 환호하며 박수를 쳐 주곤 했다.

"잘 친다. 정돌이. 잘하는데."

무슨 이유로 잘하는지, 정말 잘하고 있는 건지 확인할 방법은 없었지만 그냥 어리고 귀여운 아이라서 칭찬하는 것 같지는 않았다. 그럴수록 그의 채는 더 신나게 춤을 추었고 덩달아 몸도 리듬을 따라 춤을 추었다.

그해 여름, 귀철은 형들을 따라 해남으로 농촌봉사활동을 떠났다. 정경대 형, 누나들이 과 단위로 가는 농활이었다. 어린 귀철을 혼자 두고 갈 수 없다는 생각으로 형들은 함께 떠나는 버스에 귀철을 태웠다. 농활이 뭔지, 어떤 개념으로 왜 떠나는지는 전혀 중요하지 않았다. 귀철은 난생처음으로 상계동과 연천을 떠나는 인생의 첫 여행을 하게 된 것이다. 그리고 동반자들이 언제나 믿음직한 형, 누나들이었다. 그들 모두 자기 집에서는 귀한 자녀들일 텐데도 해남 깡촌에서 정말 열심히 농사 일들을 도왔다. 마지막 며칠 동안은 비가 너무 많이 와서 장화 신은 발이 밭에 푹푹 빠지곤 했는데, 귀철도 맨발로 일을 돕는다고 왔다갔다 하다 그만 무릎까지 발이 빠지고 말았다. 그러자 형들이 귀철을 번쩍 안아 들어올렸다. 또 그중에 제일 키가 컸던 성배 형이 무등을 태웠다. 걸리적거리지 않으려고 했었는데, 결국 방해가 된 셈이다. 미안한 생각이 들었지만 왠지 기분이 좋았고 날아가는 기분이 들었다. 하늘 높이 무등을 탄 채로 비가 오는 진흙밭에서 귀철이 하늘을 향해 두 팔을 활짝 벌려본다. '정말 이렇게 행복해도 되는 것일까.'

농활은 쉽지만은 않았다. 한두 명이 아프기도 했고, 한번은 꼬막을 잘못 먹어서인지 전부 식중독에 걸려 토하고 야단이었다. 그 아프고 힘든 중에도 형들은 늘 귀철을 먼저 보살폈다. 모두들 귀철이 밥을 잘 먹었는지 챙겼다. 귀철이 갈아입을 옷을 챙겨온 형도 있었다. 집이 시골 출신이라는 재희 누나는 늘 귀철이 옷을 벗어 놓으면 가져다 빨아주기도 했다. 귀철의 가슴 깊은 곳에 누적되는 감사의 마음이 마치 '마음통장'에 잔고가 쌓이듯 풍성해지고 있었다.

그렇게 농활을 마치고 서울로 돌아온 귀철에게 몸의 변화가 감지되었다. 변성기였다. 키나 덩치는 또래보다 작은 편이었는데 목소리 성장은 빨랐던 모양이다. 귀철은 자기 목소리가 예전과 달리 이상하게 잉잉거리는 것 같아, 그 변성이 달갑지 않았다. 탈반 동아리 형들이 이것저것 역할을 주면 탈을 착용하고 연기를 했었는데, 목소리가 변하고부터는 왠지 하기가 싫어졌고 부끄럽기까지 했다.

초가을에 접어들면서 캠퍼스 곳곳에서 고연전 준비가 한창이었다. 농악대와 탈반이 역할 분담을 하면서 귀철에게도 상모를 씌워주기로 했다. 그 소식에 귀철은 신이 났고 잠시의 부끄러움 같은 걸 아예 잊어버렸다. 귀철은 대사 없이 상모를 돌리고 장구만 치는 일이 좋았다. 그런데 농악대는 사물놀이를 별로 좋아하지 않았다. 농악을 하는 사람들은 사물놀이가 약간 변형된 퓨전이라고 여겼던 것 같다. 특별한 역사의식이나 내용 없이 그저 돈벌이 수단으로 극단을 만들고 공연하는 것쯤으로 여겼던 모양이다. 당시에는 연극도 피터 한트케나 브레히트처럼 무대에서 상황극을 하면서 관객참여를 유도하는 유형이 인기를 끌었다. 그런 만큼 보여주기식 연기를 하는 사물놀이에 호불호가 있을 수밖에 없었다. 사실 꽹과리, 징, 장구, 북 순으로 앉아서 움직임 없이 연주하는 방식의 사물놀이 공연은 관객들 참여를 유도하며 함께 어깨춤을 추게 하는 데에는 적합하지 않은 것 같기도 하다.

광진 형은 녹음 테이프에 당시 유행하던 품바를 녹음해 왔다. 품바라는 거지가 나와서 시장터나 마을을 돌아다니며 촌철살인의 대사를 던지고 시국을 풍자하며 사람들을 울리고 웃겼던, 아주 인기가 높았던 타령이었다. 그럼으로써 민초 마음 깊숙한 곳에 쌓여 있던 울분, 억울함, 멸시, 학대 등을 통렬하게 분출하는 게 품바의 인기 비결이었다. 광진 형은 그 품바를 다 외운 뒤 각설이 분장을 하고서 공연을 했다. 공부면 공부, 악기면 악기 그리고 귀철이 그렇게 배우고 싶어 하는 장구까지 어느 하나 모자람이 없는 팔방미인이었다. 어찌나 땀을 쏟아내며 열정적으로 연기하는지, 그에게 친구들은 광진 이름을 따서 '미친개'를 뜻하는 '광견'이라는 별명을 붙이기도 했다.

당시 인기배우 이덕화가 광고하는 '트라이'라는 속옷이 있었는데, 광진 형은 그 흉내를 내면서 트라이 대신 자기 별명인 '또라이~~'라고 흉내를 내서 모두를 웃기기도 했다. 형편이 좀 어려워서 학교를 휴학하고 나이트클럽 같은 데서 웨이터를 한 적도 있었는데, 그때도 친구들과 함께 사물놀이패를 결성해 공연을 했다. 물론 엄청난 인기를 끌었다고 한다. 혼자 탈반과 농악대를 왔다갔다하는 귀철을 보면 늘 배가 고픈지를 먼저 묻고 데리고 나가서 컵라면이나 김밥을 사 주곤 했었다.
 어찌나 데모를 열심히 했는지 그 형은 전공이 데모라는 말이 있을 정도였다. 귀철이 보기에도 무슨 이념이나 생각을 관철하기 위해서라기보다 젊은 혈기가 몸을 뚫고 심하게 뻗쳐서 그걸 데모로 푼 게 아닐까 할 정도로 과한 에너지를 발산했다. 혼자 각설이를 부를 때는 정말이지 미친놈처럼 혼이 나갔다 들어왔다 하는 것 같았다. 노래도 노래지만, 닭 소리와 개 짖는 소리도 엄청나게 진짜처럼 잘 냈다. 옷을 누더기처럼 만들어 귀철에게도 입혀주고, 꼬마 각설이라고 부르며 데리고 다녔다. 정돌이라는 이름도 좋았지만 귀철은 꼬마 각설이라는 별명이 싫지 않았다. 없던 친형제가 생긴 기분이었다.
 그랬던 형이 군대를 가게 되었다. 말은 안 했지만 귀철은 형에게 장구를 배울 수 있어 좋았다. 또 깡통 매점 뒤에서 사발면 먹으며 담배를 피우는 형의 모습이 참 멋있어서 좋았다. 형은 장구를 가르쳐 주면서도 공부하라고 귀철에게 늘 당부했다. 공부를 해야 제대로 된 사람이 된다고 강조했지만 귀철은 공부에 관심을 가질 수 있는 형편이 아니었다. 형은 입대하기 전날 귀철을 불렀다. 형이 귀철에게 안겨 준 것은 거의 귀철의 몸집만 한 커다란 장구였다.
 "귀철아. 넌 장구를 하면 잘 맞을 거 같애. 박자 감각도 좋고 몸도 가볍고, 무엇보다 들을 줄 아는 귀가 있는 것 같다. 형 군대 간 사이에 열심히 배워."

형편도 그다지 좋지 않았던 형이 저금통을 깨서 샀다는 장구를 받은 그날 밤 귀철은 농악대 서클실에서 장구와 함께 잠이 들었다. 자기가 버린 아버지 그리고 함께 할 수 없는 누나 대신 귀철에게 생긴 유일한 가족이었다. 다음날 아침에 일어나 보니 서클실이 좀 습했는지 귀철의 장구도 어쩐지 찌뿌둥한 느낌이 들었다. 바깥은 햇살이 가득했고 새 장구가 생긴 귀철의 기분만큼이나 발랄하고 맑은 날이었다. 방송국이 있던 홍보관 앞에는 좀 빽빽한 잔디밭이 있었다. 거기에서 해가 제일 반짝반짝거리는 자리 바닥에 신문지를 깔고 장구를 말린다고 놓아두었다. 새 장구는 양팔을 벌리고 보란 듯이 일광욕을 시작했다. 형들과 점심을 먹으러 밖으로 나갔다 들어올 때도, 잠시 심부름하러 학교 앞 복사집을 갈 때도 귀철은 오가며 장구와 인사를 하고 눈을 맞췄다. 세상에서 받은 가장 귀하고 큰 선물이었다. 그런데 저녁 햇살이 어스름하게 학생회관에 그림자를 드리울 즈음 장구를 걷으러 나갔던 귀철은 깜짝 놀랐다. 있어야 할 장구가 제자리에 없고 장구가 깔고 앉았던 신문지만 저녁 바람에 이리저리 날리고 있었다.

"아, 장구, 내 장구!"

너무나 놀라 주변을 샅샅이 뒤지고 찾아다녔다. 서관과 정경

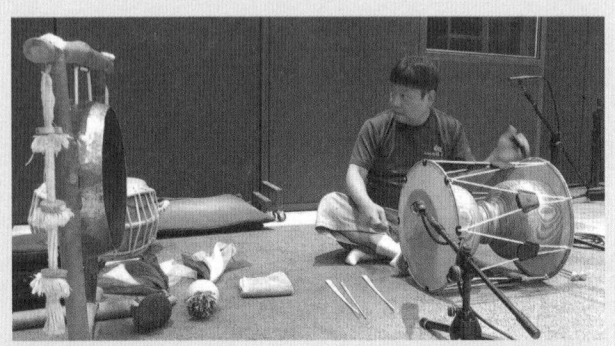

중년에 접어든 귀철이 여유롭게 장구를 치고 있다(上).
1989년 고연제 공연에 참여한 꼬마 귀철(下).

대는 물론 대운동장을 가로질러 사범대, 중앙 도서관까지 장구를 찾으러 하루 종일 헤맸다. 하지만 밤이 늦도록 없어진 장구는 찾을 길이 없었다. 얼마나 울며 찾으러 다녔던지 콧물 눈물이 범벅이 되어 얼굴에 땟국물과 함께 얼룩이 덕지덕지 져 있었다. 자기 물건을 한 번도 가져본 적이 없던 귀철이었다. 그렇게 크고 귀한 물건을 남이 덥석 집어 갈 거라는 상상은 해본 적이 없었다. 더구나 그렇게 자기에게 믿음을 주던 고려대 캠퍼스 안에서 생겨난 일이라는 게 믿어지지 않았다. 그냥 장구가 날개가 달려 어디론가 훨훨 날아가 버린 것이라 믿고 싶었다. 아직도 귀철은 새로운 악기를 마련할 때마다 그때의 서러웠던 기억을 잊을 수가 없다. 귀철은 늘 귀한 것들을 잃어버리지 않았던가. 엄마, 아버지 그리고 누이까지. 가족이란 것도 귀철의 것이었던 적이 없었다. 세상에서 남들이 다 가질 수 있었던 '집'이라는 가장 기초적인 단위조차 귀철에겐 허락되지 않았었다. 그러다 처음으로 가지게 된 장구였건만….

그 후로 귀철은 분을 풀기라도 하듯 더 열심히 장구를 쳤다. 농악대에는 선배들한테 후배들이 물려받은 악기들이 있었다. 모두 형편이 그렇게 좋지 않고 힘들던 시절이었다. 낡고 초라해지고 손때 묻은 악기로 연습하다가 공연 같은 행사가 다가오면 큰맘 먹고 가죽 장구를 사든가 외부에서 악기 지원을 받든가 했

최광진(영문과 86학번)과 함께 찍은 사진.
왼쪽 사진은 3년 전 사진이고 오른쪽 사진은
처음 장구를 배웠던 열네 살 때다.

으니 다시 자기 장구를 손에 갖는 건 언감생심이었다. 후에 전라도 쪽으로 본격적으로 공부하러 내려갈 때에도 귀철에게는 자기 악기가 따로 없었다. 손에 익은 장구가 있다 해도 기워 쓰고 찢어지면 다시 꿰매 쓰는 수준이었다. 그때마다 그날의 그 반짝이고 예쁘고 당당했던 장구가 그리웠다. 나중에 서울에 와서 '뭉치'라는 이벤트 회사에 다닐 때 잃어버린 이후 처음으로 자기의 장구를 장만하게 되었다. 귀철은 새 장구를 얻자마자 장구 곳곳마다 빈 곳이면 무조건 다 이름을 적어놓았다. 다시는 헤어지지 못할 애인과 문신을 새겨 약속이라도 하듯.

 그즈음 귀철이 좋아했던 형들 중 많은 이들이 시위대 선봉에 섰다가 검거되어 감옥에 가게 되었다. 무엇 때문에 그들이 싸우는지 귀철은 속 내용까지 아주 잘 알지는 못했다. 그들은 비장한 말투로 "역사의 부름 앞에 가는 거야."라고 말하곤 했다. 치기 어린 말일지라도 그 말이 참 듣기가 좋았다. 그냥 내가 좋아하는 사람들, 저렇게 착한 사람들이 싸우는 대상이 있다면 그건 무조건 나쁜 놈들이었다. 그래서 귀철은 형들의 가두시위 때 꽹과리를 들고 동참했다. 심지어 맨 앞에 서기도 했다. 장구를 메고 상모까지 돌릴 수 있던 실력이었다. 제대로 배운 적은 없었다. 남들이 할 때 구경하면서 눈썰미로 익히고 혼자 따라 해보았는데 제법 잘 돌아갔다. 형들이 어리다고 귀철을 말려도 아랑곳하지 않았다. 누구보다 작았고 누구보다 빨랐다. 장구를 메고 시위대에 앞장서는 건 도망가기가 어려워서 힘들었다. 그래서 꽹과리나 북을 들고 사람들에게 신호를 하고 저항의 표시를 했다. 귀철은 자기의 꽹과리 소리가 신호가 되어 구호를 외치는 게 좋았다. 나중에는 다치지 않고 잘 도망가기 위해 궁리하다가 합기도까지 배우기도 했다. 낙법이 전공이었다. 정말이지 데모를 하려면 제대로 잘하고 싶었다. 왜 데모를 하는지 굳이 설명할 필요가 없었다. 그냥 그를 살게 해준 사람들이 하는 일들이었고, 그걸 따라 하는 건 너무도 당연했다. 하지만 형들이 눈앞에서 몽둥이에 맞으며 질질 끌려가는 모습도 보았고, 미처 달아나지 못해 머리채를 잡히는 누나들도 보았다. 그렇게 당할 수는 없는 노릇이었다. 그런 부당한 연행을 막으려면 힘을 길러야 했다.

시위대에 꼬마 귀철을 앞세운 건 형들이 아니었다. 귀철 스스로의 선택이었다. 귀철은 학내, 학생회관에서 생활하면서 24시간 동안 형들이 해야 하는 일들, 하고 싶은 말들을 듣고 따르고 행했다. 점점 어린 꼬마 정돌이가 아니라 이제 그들의 정식 가족이 되어 가고 있었다. 어렴풋하게 배우는 중이었지만 세상의 불의에 저항하고, 분노하고, 싸우는 그 팀의 어린 식구가 된 것이다. 그렇게 조금씩 조금씩 귀철은 성장하고 있었다.

그 시절 학생회관은 늘 분주했다. 다음번에 있을 시위를 준비하고, 대자보를 붙일 내용들을 연구하고, 또 시위 때 쓸 갖가지 물건들을 만들기도 했다. 한번은 다음날 사용해야 할 유인물을 만드는데 인쇄기가 고장이 났다. 다들 손으로 직접 필사를 해야 했지만 그 많은 걸 일일이 쓴다는 게 말이 안 되는 노동이었다. 귀철도 자원해서 손이 마비되도록 쓰고 또 쓰고 있는데, 정효 형이 다가왔다.

"귀철아. 너 자꾸 줄이 왔다 갔다 한다. 왜 그렇게 코를 박고 쓰니? 글자가 잘 안 보여?"

안 보이는 글을 베껴 쓰느라 한껏 찡그린 눈을 비비며 정효 형을 올려다보았다. 귀철은 자기가 눈이 나쁜 줄도 몰랐다. 아버지는 야맹증이 심했다. 눈이 잘 안 보여 사람을 잘 알아보지 못했고, 시궁창에 잘 빠지는 것도 눈 때문이라기보다는 술 때문일 거라고 생각했었다. 귀철 역시 자기가 시력이 나쁘다는 걸 인지하지 못했다. 누구나 다 이렇게 보면서 세상을 사는 거라 생각했다. 뭔가 눈치를 챈 정효 형이 어리벙벙하고 대답 못 하는 귀철을 데리고 학교 앞 안경점으로 갔다. 시력검사라는 걸 해보고 나서야 난시가 심하고 시력도 나쁘다는 걸 알게 되었다. 형은 무조건 귀철에게 맞는 안경을 만들어 달라고 주문했다.

다음날 학생회관 앞에 조그만 상자가 놓였다. 귀철의 안경을 위한 모금통이었다. 지나가던 형들이 담배 한 개비 값을 아껴서 동전을 넣어주었고, 누나들 몇몇이 일부러 다가와서 지폐를 내주기도 했다. 귀철은 그게 무엇을 하는 것인지 몰랐다. 안경 하나 값은 금방 모금이 되었고, 귀철은 난생처음 안경이라는 걸 눈에 걸쳤다. 세상이 달라 보였다. 이렇게 선명할 수도 있는 거구나. 다른 사람들이 안경을 쓰는 걸 사치라고만 생각했었는데 자기도 그런 걸 누릴 수 있다는 게 믿어지지를 않았다. 안경을 쓰고 신방과 학생회실에 제일 먼저 찾아갔다. 마침 바깥에는 비가 오고 있었다. 안경에 빗물이 들이쳐서 안경이 뿌옇게 되는 바람에 앞이 잘 보이지 않았다. 그래도 너무 좋았다. 누군가의 작은 선의들이 모여 한 사람의 인생에 엄청나게 귀한 기적을 이루어 줄 수 있다는 걸 알게 되었다. 훗날 작은 손길이라도 필요한 사람이 있다면 무조건 돕자는 걸 모토로 삼은 이유가 바로 이날의 안경 때문이었다. 귀철은 신방과 형, 누나들에게 신나게 자랑했다.

"형, 누나. 저 안경 생겼어요. 잘 보여요."

그렇게 얘기를 하는데 자신도 모르게 툭 하고 울음이 터졌다. 슬퍼서가 아니었다. 이런 감정을 감격이라고 하는 걸까? 귀철은 누구라도 붙잡고 꽉 껴안고 싶었다. 가슴이 벅차오르고, 목구멍 저 아래에서 뜨거운 불길 같은 게 느껴졌다. 갑자기 말문을 닫아 버린 귀철 마음을 알아챘을까. 한 형이 안경을 벗겨서 수건으로 '호' 불어 닦아주며 말했다.

"이 녀석아. 빗물 봐라. 닦아서 써야 보이지. 뭐가 보여?"

안경을 닦아 다시 씌워주던 형의 미소, 그날의 웅성임, 약간의 수선스러움! 지금도 귀철은 그 모든 영화 같던 시간이 그립기만 하다.

물론 모두 다 귀철에게 같은 마음으로 다정하고 친절하기만 했던 건 아니었다. 가끔씩 수위 아저씨가 뛰어다니는 귀철을 나댄다고 야단치고, 지나가던 모르는 형이 귀철을 차갑게 쳐다 보며 '쟤가 그 애야?' 하는 눈빛으로 주눅들게 하기도 했다. 하지만 든든하게 보듬어 주는 형들이 있어서 귀철은 그런 것쯤은 상관없었다. 하루는 문구점으로 복사 심부름을 하러 갔는데 알고 지내던 주인아저씨가 귀철을 불렀다.

"돈암동에 사시는 아이가 없는 아저씨 아줌마가 있는데, 내가 니 얘길 했더니 너를 양자로 입양하고 싶어 하시더구나. 그분들이 아주 재산이 많아. 집도 크고. 널 데려가면 학교도 보내주고 호강도 시켜줄 건데. 어때?"

"저를요?"

"그래. 이 녀석아. 너도 언제까지 학교에서 이렇게 떠돌이처럼 살 수는 없잖아."

귀철에게 학교를 떠나라고 하고 형, 누나들과 헤어지라고 하는 건 아직 젖을 떼지도 못한 갓난쟁이에게서 엄마를 떼어 놓는 것과 같았다. 귀철에게는 고려대에서 만난 새로운 공간이 세상의 전부였고 거기서 만난 형, 누나들이 작은 우주였다. 다른 어떤 좋은 것들이 귀철 앞에 펼쳐진다 해도 이보다 더 좋은 세상은 없을 것 같았다.

그 순간 그분들을 따라가 착한 아들로 살았더라면 지금의 삶은 많이 달라져 있었을까? 결국 귀철을 키운 건 호강이며 물질이 아니라 형과 누나들이 준 사랑이었는데, 그분들 집에 가서 다른 종류의 사랑을 받고 자랐더라면 귀철의 지금은 어떤 모습이었을까? 누구에게나 결핍이 있다. 그 결핍을 다른 대체될 물질이나 형태로 채운다고 해서 결핍이 메워지는 건 아닐 것이다. 중요한 건 물질이나 형태가 아니라 마음이고 관계일 것이다. 설사 그 후의 삶이 훨씬 유복하고 화려하게 펼쳐진다 해도 세상을 다 갖기라도 한 것처럼 맘껏 순수하게 형, 누나들을 믿고 의지했던 그 시간과 바꿀 수 있었을까? 귀철의 대답은 늘 똑같았다.

"그보다 더 좋았을 수는 없었다."

해남에서의 농활이 끝난 후 다시 귀철에게 마산까지 여행 갈 행운이 찾아왔다. 대정 형이 귀철을 데리고 가서 남은 방학 기간에 고향집에서 보내기로 한 것이다. 어린 귀철이 순수하고 귀여운 만큼 그를 보듬고 챙겨주려고 데리고 다니던 대정 형의 마음이 또 얼마나 가상한지. 그렇게 남은 방학 열흘 정도를 마산에서 대정 형과 함께 시간을 보냈다. 대정 형의 부모님은 두 분 다 일을 하셨고 대정 형에게는 형제가 없었다. 비가 오는 여름날, 참외를 먹으며 대청마루에서 형과 함께 배를 깔고 만화책을 보던 장면이 지금도 눈에 선하다. 마당에 고인 비 웅덩이 위로 소금쟁이가 덤벙덤벙 건너가는 걸 구경하던 평화로운 시간이었다. 대정 형은 학교를 졸업하고 창원에 있는 방송국의 기자가 되었다. 형들은 졸업 후에 저마다 다른 방식으로 세상을 향해 목소리를 내는 사람들이 되었다. 학창 시절에 외치며 달리던 그들의 구호는 생각해 보면 모두 한가지였다. 약한 사람의 편에 서는 것이었고, 불의를 보면 참지 않겠다는 것이었으며, 정의를 수호하고 지켜 나가는 것이었다. 때로는 폭력적인 형태로 저항하기도 했고 대단히 정치적인 경우도 있었다. 오직 맨몸이었던 대학생들이 저항할 수 있는 방법이라곤 그 당시에는 그것 말고 선택할 게 없었다.

  마산에서 꿈 같은 시간을 보내고 서울에 올라오니 학교는 많이 달라져 있었다. 경찰에 검거되어 학교로 돌아오지 못한 형들도 더 많아졌다. 생각이 다르다는 이유로 사람이 다른 사람을 잡아다 가두는, 도저히 납득할 수 없는 일들이 시대가 바뀌어도 별반 달라지지 않은 채 여전히 자행되고 있었다. 귀철에게는 학교에 돌아오지 못한 그 형들이 가족과도 같았다. 그래서 너무 분하고 화가 치밀었다. 그는 분노를 다스리는 방법을 우선 배워야만 했다.

9

정돌이만 잡으면 다 잡는다

어느새 귀철은 고려대에서 모르는 사람이 없을 정도로 유명 인물이 되었다. 연세대 학보사 〈연세춘추〉와 이대 학보사에서까지 고대 학생들이 보살피는 정돌이를 찾아와 인터뷰할 정도였다. 늘 형들 사이에서 긴장하며 귀를 쫑긋 세우고 있던 귀철이 갖고 있는 학생 운동권 형들의 데이터도 엄청나게 늘어났다. 당시 학생회관 전화기는 경찰이 늘 도청하고 있다고 했다. 형들은 중요한 정보를 교환할 일이 있거나 시위를 준비하는 과정을 절대로 전화로 얘기하지 않았다. 귀철을 통해 전화로 간단한 연락을 주고받았는데, 영리한 귀철은 한마디를 듣고도 형들에게 필요한 내용을 모두 전달할 만큼 감각이 있었다.

경찰이 듣고 있다는 걸 알고 있었기에 귀철도 형들에게 정확한 정보를 말하거나 이름을 말할 수가 없었다. 하지만 귀철을 통하면 누가 어디에 있는지 다 알 수 있다는 암묵적 공감 같은 게 생겨났다. '정돌이를 잡으면 다 잡는다'는 말까지 있을 정도였다. 정배 형이 경찰에 잡혀갔다가 돌아왔는데, 형사들이 귀철이라는 아이를 잡아야겠다고 말하는 걸 들었다고 했다. 이후로 형들은 귀철이를 만나면 늘 잘해 주면서도 위험한 일이 생길까 봐 걱정하며 혼자 다니지 말라고 '단도리'를 하곤 했다.

1987년 가을, 대선이 치러지기 전에 고려대 대운동장에서 김대중, 김영삼 양김이 모두 참가한 가운데 대규모 정치집회가 열렸다. 평민당에서는 유세장에 온 사람들에게 노란 가방을 선물로 나눠주었다. 그걸 받아 한쪽에 메고 귀철이 안암동 로터리에서 자취하는 정배 형을 만나러 가고 있었다. 가방이 노란색이라 눈에 띌 것 같아서 가방을 뒤집어 멨다. 가방 뒷면은 그다지 튀는 색이 아니었기 때문이었다. 바로 그때 지하 커피숍에서 올라오던 두 형사가 귀철과 눈이 마주쳤다. 귀철은 본능적으로 그들이 자기를 데려가기 위해 온 사람들이라는 걸 눈치챘다.

"쟤, 맞아. 어서 잡아!"

한 형사가 소리를 쳤고 귀철은 정말 뒤 한번 돌아보지 않고 그대로 도망을 쳤다. 붉은 신호등도 아랑곳하지 않고 대로를 뛰어서 건넜다. 차들이 경적을 울렸는지 어땠는지 그 순간만큼은 영화의 정지된 화면처럼 아무 소리도 들리지 않았다. '잡히면 안 된다.' 오로지 한 가지 생각뿐이었다. '살아야 한다'는 본능이 만들어 낸 생각의 다른 버전이었다. 달리기는 자신 있었다. 어릴 적

아버지한테 맞기 싫어 도망다니던 상계동 골목길 그리고 연천의 너른 들판을 가로질러 이웃 동네까지 신발도 신지 않고 달렸던 귀철이었다. 귀철은 남의 집 담벼락을 넘어가 골목 골목을 헤집고 어떤 나무 대문 집에 들어가 잠시 숨어 있었다. 얼마나 시간이 흘렀을까. 늘 자유롭게 들어가던 학교에 들어가는 길이 두렵고 멀기만 했다. 로터리 쪽에서 학교 방향으로 가는 학생에게 같이 가자고 부탁해 손을 잡고 무사히 교문 안으로 들어서서야 귀철은 다리에 힘이 풀렸다. 그리고 얼마나 가슴이 큰 소리로 두근두근했었는지 그제서야 깨닫게 되었다.

그해 겨울은 그동안의 혹독한 시련과 투쟁으로 얻어낸 직선제 투표가 시행되던 해였다. 누구나 사는 방법이 다를 수 있다. 어떤 이는 도서관에 앉아 법전을 뒤지며 어렵다는 시험을 통과해서 권력을 잡고 나서 세상을 바꾸겠다고 생각했을지도 모른다. 물론 그들이 부정한 세상을 바꾸고 불의를 없애려고 큰 사람이 되려고 노력한 건지, 아니면 그저 돈 잘 버는 직업을 위해 권력을 잡는 길을 모색한 건지는 아무도 정확히 판단할 수 없다. 다만 같은 시간에 나라를 멋대로 주물럭거리는, 폭력적이고 부정한 세력들과 대항해서 싸우느라 매캐한 최루탄 연기 속에 몸을 던지고 전경의 곤봉에 몸을 맡기는 어려운 길을 택한 청춘들이 있었다는 걸 알아야 한다. 바로 그들이 귀철을 키워낸 형들이었다.

귀철도 효자동에서 공정선거감시단에 자원했다. 뭘 많이 알아서가 아니었다. 이유는 간단했다. 친했던 형들이 상당수가 감시단에 들어가 있었기 때문이다. 늘 그렇듯 지극히 자연스러운 일이었다. 어떻게 얻어낸 직선제 투표인데, 혹시라도 표를 탈취당할 수는 없는 일이었다. 광주에서 사람을 많이 학살한 군부정권에게 표를 줘서는 안 될 거 같았고, 나라를 맡기면 망할 것 같았다.

오로지 부정 선거를 막아야 한다는 생각뿐이었다. 귀철은 과격한 사람일 수가 없었다. 흥분감을 표출하고 화를 내고 또 불의를 못 참아서 뭔가 행동으로 보여주는 그런 아이일 수가 없었다. 그가 자라온 환경이 그랬고, 그가 살아온 세상이 그랬다. 하지만 좋아하는 형들을 볼 수 없다는 건 참을 수 없는 일이었다. 누군가는 말할 수도 있겠다. 그 짧은 시간 동안 사람을 알면 얼마나 안다고 그들을 사랑한다는 말을 입에 올릴 수가 있는 거냐고. 사랑은 시간이 필요하지 않다. 그냥 그 간절함을 채워주는 밀도가 있다면 그걸로 충분했다. 그들은 귀철에게 그 밀도를 충족시켜 준 아버지였고 엄마였다.

투표일이 되었다. 이미 전경들이 접근하지 못하게 막은 곳도 있었고, 새벽부터 아예 대학생 감시단원을 유치장에 가둬 놓은 곳도 있었다. 그러던 중 개표를 앞두고 투표함을 지키고 있던 그 시간, 구로구청에서 부정 투표함이 발견되었다는 소식이 날아왔다. 모두들 구로구청 투표함을 사수해야 했다. 14살 귀철도 형들을 따라 구로구청으로 향했다. 어떤 일이 생겨도 형들과 함께하리라 다짐했다. 함께 한다는 말이 그토록 큰 힘을 준다는 사실을 절실하게 느꼈던 순간이다. 카톡도 없었고 페북도 없던 시기였다. 그저 방송에 의지하며 구로구청에서의 불의를 막아야 한다며 모두 발을 동동 굴렀다. 늦은 오후부터 몰려든 엄청난 숫자의 시민, 학생들이 '선거무효', '독재 타도'를 외치며 부정투표함 즉각 개봉 및 당국의 공식적 해명을 요구하며 구로구청 안팎에서 시위에 돌입했다.

귀철이 형들과 구로구청에 도착했을 때는 이미 경찰들이 쫙 깔려서 안과 밖을 모두 막고 있는 상황이었다. 어리지만 귀철의 본능은 살아 있었다. 뭔가 잘못되었다. 방송에서도 보도하다가 중단했다는 말이 들려왔다. 겁이 났다. 언젠가 광주학살 장면을 비디오에서 본 것처럼 어쩌면 여기서도 바른 소리를 하고 구호를 외치다가 그들처럼 맞거나 끌려가 죽을 수도 있겠다는 생각에 두려워졌다. 하지만 그를 살게 해준, 그를 키워준 형들과 함께해야겠다는 생각이 어린 귀철을 구로구청 안으로 이끌었다. 형들은 귀철이 따라 들어온 걸 알고는 밖으로 내보내려고 했지만 이미 늦어버렸다. 어떻게 밀려 밀려 들어오긴 했지만 소년을 내보낼 방법은 없었다. 그렇게 농성이 시작되었다.

동이 틀 것 같지 않은, 깊기만 한 밤이 지나고 새벽 4시가 되

최루탄을 쏘며 고대 안으로 경찰들이 진입하고 있다.

었다. 경찰이 드디어 시위대를 해산하기 위해 진압 작전에 돌입했다. 들은 바로는 5천여 명의 무장 군인들이 시위 진압을 시도했다고 하니, 아무런 방어 능력도 없이 전날 모여든 비무장 시민들을 해산하는 일은 정말 식은 죽 먹기였다. 아래층에서 올라오는 진압군을 피하려고 모두 옥상 바로 아래층까지 밀려 올라갔다. 다들 힘을 합해 테이블로 유리창과 문을 막았다. 뒷문 쪽으로는 비상계단으로 통하는 공간이 있었다. 귀철이 있었던 방에는 30명 정도의 시민들과 학생들이 함께했다. 옥상에 올라간 사람 중에는 경찰을 피하려고 뛰어내리다 다치고 죽은 사람도 있다는 소문이 돌았다. 종이에 불을 붙여 화염병도 만들고 그걸 던져 누군가의 옷에 불이 붙기도 하고, 그 불을 끄느라 아수라장이 되었다. 아비규환이 따로 없었다.

드디어 문이 열렸다. 어차피 시간문제였다. 가구와 책상, 의자를 다 붙여 문을 막았지만 경찰이 밀고 들어오는 힘을 이길 수는 없었다. 곤봉을 손에 쥔 경찰들은 문이 열리자마자 뛰어 들어와서는 사람들을 엎드리게 하고 사정없이 구타했다. 엎드린 사람들을 발로 밟고 때렸다. 저마다 흩어져서인지 그 방에는 귀철이 아는 형들은 별로 없었다. 물론 학생들이 많았지만 넥타이를 매고 출근을 준비하던 아저씨도 있었고, 기자인 듯 카메라를 몸으로 감싸고 있던 사람도 눈에 띄었다. 어떤 경찰이 긴 몽둥이로 때렸는지 귀철 머리에도 별이 보였다. 아파서 머리를 감싸고 있었는데 경찰을 뒤따라 백골단이 들어왔다. '지금부터 본격적인 전쟁인가?' 그 순간이었다. 한 남자가 귀철을 발견한 모양이다.

"야. 잠깐. 어린애가 있어. 애는 때리지 마라."

다른 사람들은 이미 엄청나게 맞고 밟히는 중이었는데, 어린 귀철이 그들 눈에도 심상치 않게 보였던 것이다. 백골단이라 했지만 그들 역시도 형들처럼 젊은이였고 각자 자기 자리에서 생존이라는 과제를 안고 살아가는 피곤한 청년들이었을 것이다. 한 사내가 귀철에게 다가와서 물었다.

"넌, 어떻게 여기 들어왔어?"

순간적으로 귀철은 여기를 빠져나가야겠다는 생각뿐이었다.

"엄마가, 형… 찾아오라고 해서 왔어요. 우리 형이 구로구청 갔다고 엄마가 걱정하면서 보내서 형 찾으러 왔다가…."

운이 좋았다. 그때 귀철에게 어떻게 들어왔는지를 물었던 그 사내도 귀철만 한 동생이 있었던 것일까. 아니면 집에서 아들 걱정을 하는 엄마 얼굴이 떠올랐을까.

"야. 넌 이리 나와."

그 사내는 귀철을 마당까지 데리고 나와서는 구로구청 밖으로 나갈 수 있도록 담벼락을 넘게 해주었다. 정황으로 치자면 그들은 적이었지만, 내용으로 보면 고마운 형이었다. 해가 뜨기도 전인 겨울 아침은 너무 추웠다. 이미 시위대의 사람들은 두릅의 굴비처럼 줄줄이 서서 앞 사람의 허리춤을 잡고 고개를 숙이고 걷고 있었다. 귀철을 데리고 시위대에 합류했던 형들도 그 안에 있었을 것이다. 형들이 크게 다치지 않기를 바라며 학교로 돌아가는 귀철의 발걸음은 너무도 무거웠다.

그렇게 그 추운 겨울을 보내고 1988년을 맞았다. 귀철도 먹고 살 방법을 찾아야 했다. 언제까지 '피터팬'으로 살면서 형들에게 귀여움을 얻는 대가로 밥을 얻어먹을 수는 없는 일이었다. 처음으로 시작한 일이 한겨레신문을 돌리는 일이었다. 1987년 12월에 해직 기자들이 만든 신문사였다. 국민들의 주주 참여로 처음 만들어진 한겨레신문이 창간된 것이다. 우리나라 언론 사상 최초로 편집위원장을 직선제로 뽑았던 신문사였고, 학생들과 진보적 인사들의 반응이 엄청난 언론사였다. 귀철이 다른 신문이 아닌 한겨레신문을 배달하기로 한 건 당연한 선택이었다. 형들에게 의지해서 먹고 자고 하던 상황을 벗어나려면 결국 본인이 돈을 벌 수 있고 경제적 자립을 도모하는 방법뿐이었다. 그래도 귀철은 아직 한창 부모에게 용돈 타고 어리광을 부릴 15세 소년이었다.

학교 앞에 엄마손식당이라는 곳이 있었다. 밥도 푸짐하고 맛도 좋았는데 게다가 학생들에게 친절해 모두들 좋아하던 곳이었다. 엄마손식당을 자주 갔던 귀철도 자연스럽게 오후에는 학교 식당에서 설거지 일을 하게 되었다. 그를 살게 해준 형들의 모교

시력이 나쁜 정돌이를 위해 고대생들이 모금을 해서 안경을 맞춰주었다.

인 학교에서 그릇을 닦게 된 것은 귀철에게 참 행복한 일이었다. 누가 시키지 않아도 더 열심히 일했다. 마치 이 경건한 설거지 행위가 그들에게 진 빚을 갚는 의식이라도 되는 양. 그런데 학교 식당으로부터 하청받아 들어오면서부터는 따뜻했던 엄마손식당도 어쩔 수 없이 이윤을 추구하는 기업으로 변해 버렸다. 식판이 죽 걸려서 돌아서 오기 때문에 얼른 닦지 않으면 다른 식판을 닦을 타이밍을 놓쳐버린다. 그래서 대충 뜨거운 물에 후루룩 흔들어 씻고 털어서 보내야 했는데, 귀철은 그 비위생적인 시스템을 참을 수가 없었다. 더 깨끗하게 씻어도 모자랄 마당에. 일이 더디다고 야단을 맞으면서도 귀철은 더 깔끔하게 닦느라고 늘 수당도 못 받고 초과 근무를 해야만 했다. 게다가 식판을 반납할 때 수저는 따로 빼서 다른 그릇에 담가야 하는데, 꼭 수저를 그대로 식판에 얹어서 반납하는 학생들이 꽤 있었다. 그 수저를 분리하려면 또 시간이 더 걸렸고, 그럴수록 식판을 깨끗하게 닦을 수 있는 시간이 부족했다. 마음이 바빴다. 처음으로 귀철이 고려대학교의 형들에게 반말로 큰소리를 맘껏 칠 수 있는 시간이었다.

"숟갈 빼!!"

그때는 커다란 다라이에 음식물 쓰레기를 모아두었다. 악취도 악취지만 쓰레기 주변에는 늘 먹을 걸 찾는 까만 눈의 쥐들이 바글바글했다. 그렇게 식당에서 4시간 정도 일을 하고 나면 기본 월급에 쌀도 조금 주었다. 그걸로 자취방 월세를 내면 돈이 조금 남았다. 돈을 벌어 입에 풀칠하고 산다는 게 어떤 의미인지 조금씩 알 만한 즈음이었다. 그러다가 형들이 시위를 준비한다는 소식을 듣게 되면 귀철은 이제 더 이상 구경꾼이 아닌 적극 가담자가 되어 함께했다. 옳다고 생각하는 일에 몸과 마음을 던지는 형들에게 동참하는 것은 정의이기도 했고 의리이기도 했으며 당연한 삶이기도 했다. 말은 이렇게 거창하지만, 어쩌면 진실은 그저 형들이 있는 곳으로 함께 가고 싶었던 게 가장 큰 이유였을지 모른다.

돈을 벌 수 있고 경제활동을 할 수 있게 된 귀철은 어느 정도 생활에 자신감이 붙었다. 머리도 좀 컸고 '대한독립'까지는 아니더라도 '고대독립'이라는 걸 해 봐야겠다는 생각이 들었다. 정경대 후문 쪽으로 좀 걸어 올라가면 '언덕위의 하얀집'이라는 자췻집이 있었다. 집 전체가 하얗게 페인트가 칠해져 있었고 철계단을 따라 올라가면 방이 몇 개씩 다닥다닥 붙어 있는, 전형적인 대학생들을 위한 자췻집이었다. 농악대 형들 4인방이 함께 살던 집에 귀철도 일정 비용을 내고 합류할 수 있게 되었다. 말이 다섯 명이 살 수 있는 방이지, 실제로는 정말 코딱지만 한 집이었다. 그래도 다행인 건 다섯 명이 한방에 다 모인 날은 거의 손으로 꼽을 정도였다. 사랑하는 사람도 있었고 모두들 술을 좋아했다. 그들은 자주 밖에서 애인을 만나거나 술을 마셨다. 그래서 집에 돌아오지를 못했고, 방이 다섯 명으로 가득 차는 일은 거의 없었다. 청소도 하고 형들이 벗어 놓은 옷도 빨았다. 저녁이 되면 보글보글 찌개도 끓여놓고 누군가 일찍 들어오는 형과 마주앉아 밥을 먹곤 했다. 누추하고 남루하지만 최고의 요람이고 가장 따뜻한 보금자리였다. 하지만 그것도 잠시였다. 그나마 학기 중에는 형들이 월세를 내고 한집에 살았지만 막상 방학이 되면 일단 방을 빼야 했기 때문에 돈이 모자라는 귀철도 어디론가 다른 살 집을 찾아 헤매야 했다.

귀철이 그해 겨울을 보내기 위해 찾아간 곳은 고려대 주변에서 가장 유명한 막걸리집인 '고모집'이었다. 고모집의 고모는 혼자 몸으로 고대 앞에서 주점을 하면서 23년간을 고대생들과 함께 지냈다. 고대를 나온 학생이라면 누구나 한 번쯤은 고모집에 들러 막걸리와 고갈비를 먹었다. 때로는 집에 못 갈 만큼 취한 학생을 위해 고모는 방도 내어주고, 낮술부터 밤술까지 애주가 고대생들을 언제나 선선한 미소로 맞이해 주던 고대 역사의 산 증인이다. 경찰에 쫓기는 학생들을 숨겨주기도 하고 문제가 있는 아이들에게는 진짜 고모처럼 따끔하게 큰소리로 야단도 치시던, 다정한 엄마 같은 분이었다. 귀철은 겨울방학에 접어들면서 돈 없는 형들이 방을 빼자 살 곳이 없어져 가방을 달랑 싸 들고 고모집으로 갔다. 배도 고픈 데다 딱히 정해진 갈 곳이 없었다. 고모는 그런 귀철을 선선히 받아주셨다.

"심부름도 하고 설거지도 하고 그래. 겨울을 여기서 나거라."

이미 형들을 따라 술자리 구석에 늘 앉아 있던 귀철을 알아봤던 고모는 두말없이 귀철을 식구로 들였다. 그렇게 아르바이트도 아니고 정식도 아닌 일을 하며 고모집에 기숙하면서 그해 겨울을 안전하고 따뜻하게 보낼 수 있었다. 천만다행이었다. 고모집에 거처를 구한 뒤에도 형, 누나들을 자주 볼 수 있었다. 겨울방학 중에도 고모집을 찾는 학과나 서클 대학생들이 많았기 때문이다. 고모집에 안면이 있는 형, 누나들이 찾아오면 반가운 얼굴로 인사를 나누며 함께 어울렸다. 때로는 옆자리에 앉아 밥을 나눠 먹으며 즐거운 시간을 보내기도 했다.

해가 바뀌고 봄이 왔다. 새봄을 맞으며 귀철은 중대결심을 했다. 여러 형들의 권유대로 학원에 나가면서 공부를 하겠다고 마음먹었다. 무작정 좋아하는 형들이 나가는 시위대에 동네 패싸움 끼듯 끼어서 싸울 일은 아니었다. 무엇이 그들을 분노하게 하는지, 무엇과 싸워야 하는 건지 귀철도 알아야만 했다. 나이에 따라 배워야 하는 것들을 배워야 했고, 알아야 하는 것들을 알아야 했다. 하지만 살아온 시간 탓인지 공부하는 습관이 몸에 배지 않았던 귀철에게 공부는 그 어떤 것보다 쉽지 않았다.

고모집에는 군식구들이 많았다. 동생을 만나러 고모가 가끔씩 일본을 다녀오곤 했는데, 그때마다 귀철은 난처한 처지에 놓였다. 고모 대신 임시로 가게를 맡은 딸, 아들, 며느리들 눈에 귀철이 불편한 존재였던 모양이다. 필요 없는 군식구에게 고모가 밥을 먹이고 재워주는 것이 이윤 창출과는 도무지 맞지 않는 그림이라는 걸 귀철도 모르는 바가 아니었다. 하는 수 없이 고모집을 나올 수밖에 없었다. 막상 고모집을 떠나고 나니 갈 곳이 없어 막막했다. 그런 귀철 사정을 알게 된 형들과 누이들은 '떠돌이'가 된 귀철을 내버려두지 않았다. 늘 그랬던 것처럼. 천호동에 누나랑 둘이 살던 재혁 형은 집에 데려가 밤에 따로 입시를 준비하라고 공부를 가르치기도 했다. 기독교 신앙심이 아주 독실했던 형이었다. 일어나서 밥을 먹고 또 잠이 들 때까지 귀철에게 기도를 가르치며 신앙의 중요성을 설명했다. 자유로운 영혼까지는 아니어도 어떤 생각에 얽매여 사는 게 좀 힘들었던 귀철에게는 약간 지루한 시절이었다. 따뜻한 밥, 포근한 집과 '생각의 자유'는 그 어떤 것과도 바꿀 수 없음을 그때 실감했던 것 같다.

재혁 형 집을 나와 다시 자췻집을 구하러 다녔다. 함께 언덕위의 하얀집에 살던 형들도 하나둘씩 군대에 가거나 개인적인 이유로 학교를 떠나기도 했다. 함께 5명이 뭉쳐 살면서 오가던 형들의 그림자는 이제 뒤를 돌아봐도 아득한 시간처럼 다 흘러가 버렸다. 저녁이면 취해 들어오던 형들을 위해 술 깨는 약을 지으러 달려가던 동네 골목길이 마냥 그립고 생선을 구워 먹은 방에 그대로 주저앉아 피우던 담배 냄새도 단박에 알 수 있을 만큼 코에 선했다. 옷을 벗어 다라이에 가득 쌓아 물을 부어 놓으면 그 옷들이 아침에는 죄다 꽁꽁 얼어 있었다. 그 옷을 빨아 입으려면 날이 풀리는 봄까지 기다려야 했다. 봄이 돼서 그 물이 녹아 빨래가 가능해지면 그 옷들을 휘휘 저어서 대충 물기를 빼고 줄에 널었다. 옷들은 물속에서 서로 엉켜 다른 색으로 얼룩덜룩 물이 들고 난리도 아니었다. 옷을 빨아 입는 게 아니라 물에 적신 후 말려 입은 꼴이었지만, 그나마도 자기 옷을 다른 형이 입고 나가기도 해서 저녁이면 "니가 가져갔네, 내가 입었네."하며 입씨름하던 추억의 시간이었다.

〈타는 목마름으로〉, 〈진달래〉 등의 운동가요를 함께 부르다 보면 괜히 목이 메고, 함께 지내던 형들이 하나씩 둘씩 떠나가던 생각에 눈시울이 뜨거워지기도 했다. 이런 세월을 함께 참고 견디며 싸워나가면 언제 어떤 세상이 펼쳐질지 또 어떤 어른이 되어 무슨 일을 하게 될지, 그런 상상을 할 만큼 마음의 여유가 없을 때였다. 그저 하루를 살아내고 그 하루의 모짐을 견뎌야 하는 게 당면 과제였다. 당시 자췻집 앞에 공중목욕탕이 하나 있었다. 고대 농구 선수 같은 운동부 친구들은 1년 치 이용권을 끊어 다니는지 뻔질나게 목욕탕을 드나들었다. 반면 귀철과 형들은 돈이 없어 목욕탕을 한겨울에 한두 번쯤 가는 게 고작이었다. 돈 앞에서 지지리 궁상을 떨 수밖에 없었다. 그래도 가끔씩 목욕탕에 갈 때는 무척 즐거웠다. 서로 등을 밀어 때를 벗겨주고 탕에 들어가서는 마구잡이로 텀벙거리며 장난을 쳤다. 서로의 벗은 몸을 보고 깔깔거렸고 형들의 은근히 야한 농담을 듣다 보면 저절로 얼굴이 빨개지곤 했었다. 너무 추운 날은 연탄을 때도 추웠다. 형들이 많이 들어와 방이 비좁기라도 할라치면 집을 두고 학생회관에 가서 잠을 자기도 했다. 그래도 귀철이 좋았던 이유는 단 하나였다. 누군가와 함께한다는 것이었다. 매를 때리지도 않고 주정을 부리지도 않고, 귀철을 안아주고 보듬어 주고, 어디를 간다고 얘기를 하고, 돌아왔다고 알려주고…. 무엇보다 밥을 함께 먹고 서로의 안부를 걱정해 줄 수 있었다.

누구나 자라며 환경을 통해 성격을 만들어 간다지만, 형들과 세상이 주는 따뜻함을 귀철이 받아들일 수 있으려면 그만큼 자기를 버리는 연습을 해야만 했다. 눈치를 보지 않아도 되는 일에도 과하게 눈치를 봤다. 그렇게까지 배려하지 않아도 되는데 그는 한 번도 아랫목에 눕지를 못했다. 오히려 어리다고 형들은 귀철에게 양보했지만 그게 오히려 불편했다. 뭔가를 덥석 받으면 영원히 사라질 것만 같은 불안감 때문이었다. 처음 형들에게 안경을 선물 받았던 시간이 떠올랐다. 그때만 해도 받는 것 자체가 현실감이 없었던 꼬마였기에 아무 생각 없이 그냥 받았지만 지금 같으면 절대 못 받았을 일이다. 그만큼 그 시간은 귀철이 사람들 속에서 낮은 포복으로 살며 연습하고, 단련되던 시간이었다.

10

아버지를 멀리 보내고

오늘은 아버지 기일이다. 아버지를 만나 본 적도 없는 아내에게 기일을 챙기라고 할 수는 없다. 아이들에게도 할아버지라는 존재에 대해 설명하기 어려워 귀철은 해마다 돌아오는 기일이 되면 미사를 드리러 성당에 간다. 그만큼 아버지라는 단어가 늘 목에 걸린 가시처럼 따갑고 아프다. 아버지가 돌아가셨다는 소식을 들은 건 한창 고모집에서 일을 할 때였다. 귀철에게 처음 장구를 가르쳐주었던 광진 형은 어린 귀철을 계속 학교에 둘 수 없다고 생각했다. 처음엔 부모님이 다 돌아가셨다고 말했지만, 여러 사람을 오래 속일 수는 없었다. 다른 형들도 귀철의 사정을 다 알았지만 고향으로 강제로 돌려보내는 일은 일어나지 않았다.

그런데 광진 형 생각은 달랐다. 아직 어린 꼬마를 언제까지 이렇게 학교와 이곳저곳을 옮겨다니며 살게 할 수는 없다고 생각한 것이다. 그는 귀철에게 얼마간의 돈을 줘서 고향으로 보내야겠다고 마음을 먹었던 모양이다. 주변의 형들에게 말해 십시일 반 돈을 조금 모은 광진 형은 귀철을 데리고 경기도 연천으로 내려갔다. 귀철은 생각이 복잡하고 불편한 마음이 가득했지만 광진 형의 뜻을 거역할 수는 없었다. 연락을 끊고 살았던 아버지는 여전히 생존해 있었다. 하지만 건강 상태는 매우 심각했다. 몸은 술독에 더 푹 담겨 있었고, 자해를 해서 그런 건지 허벅지며 어깨며 성한 구석이 없이 긁힌 상처와 흔적으로 가득했다. 퀭한 눈으로 처음에 아버지는 아들마저 알아보지 못했다.

아버지가 두려워 말도 못 하고 있던 귀철을 대신해 광진 형이 아버지에게 인사를 드리고 집안을 둘러보았다. 차마 눈을 뜨고는 볼 수 없는 광경이었다. 벽에는 온통 핏자국이었고 흐트러진 집기며 먹다 남은 음식과 굴러다니는 술병이 뒤엉켜 있었다. 사람 사는 집이 아니라 무슨 전쟁터 같았다. 긁힌 상처가 가려웠는지 긁고 또 딱지를 떼고 해서 아버지는 얼굴과 몸에서 피고름 같은 게 흐르고 있었다. 게다가 복수가 차 부풀 대로 부푼 배는 금방이라도 터질 것처럼 팽팽했다. 광진 형이 목욕물을 데워 아버지를 씻겼다. 그는 이제 스물을 갓 넘은 학생이었다. 그런 어린 청년이 귀철 아버지 같은 사람을 벗기고 상처까지 씻어주는 모습을 상상하기는 쉽지 않다. 마음이 따뜻하고 사람에 대한 온정이 없는 영혼이라면 불가능한 일이었다.

형은 또 아버지를 안정시켜 재워 놓고는 집 안 구석구석을 청소했다. 귀철도 형을 따라 쓰레기를 내다 버리고 걸레를 들었다. 아버지에게 진 마음의 빚, 미움까지 다 닦아내고 싶었다. 남아서 아버지와 함께 살아야 할지 모른다는 불안감과 함께 무참하고 지저분해진 둥지만 그래도 살점을 준 혈육과 함께 살아야 하는 게 아닌가 하는 의무감이 교차했다. 그런 생각을 지우기 위해서라도 더 열심히 박박 문질러 바닥을 닦아냈다. 청소를 다 마친 형은 곤로에 불을 켜더니 미리 준비한 재료로 밥을 짓고 국을 끓였다. 또 계란을 부쳐 프라이를 만들었다. 술 냄새를 풍기며 구겨진 휴지처럼 누워 자고 있는 아버지를 한참 보던 광진 형은 밥상을 차려 아버지 머리맡에 얌전히 내려놓고는 귀철에게 말했다.

"가자, 귀철아. 서울로 가자."

아버지를 버리고 서울로 돌아가는 귀철의 마음은 뭐라 설명하기 어려울 만큼 복잡했다. 다만 찜찜한 감정보다는 확실히 안도감이 컸다. 다시는 돌아가지 않을 거라는 예감 때문이었는지 광진 형 손을 잡고 기차역으로 가면서 귀철은 한 번도 뒤를 돌아보지 않았다. 미련은 더 이상 갖고 싶지 않았다. 그렇게 귀철은 아버지를 마지막으로 보았다. 이후 서울 봉제 공장에서 일하던 귀철의 누나는 과중한 노동과 야근 때문에 더 이상 몸이 버티지 못할 즈음 고향으로 내려갔다. 연천 쪽에도 작은 공장들이 생겨나 누나의 노동력으로도 취업할 곳이 많이 생겼다는 이유도 있었지만, 아무래도 누나는 아버지를 버리지 못했던 모양이었다.

누나의 초등학교 입학식 때.

그렇게 폭력적이던 아버지도 누나가 처음 집에 내려와 떡볶이를 만들어 드리자 갑자기 오열했다고 한다.

"귀철이 새끼, 떡볶이 잘 먹었는데."

아버지는 자식이 보고 싶어서였는지, 그렇게밖에 살지 못한 자기 인생의 한풀이 때문이었는지, 아니면 버림받은 억울함 때문이었는지 그날 밤 내내 엉엉 울었다고 한다. 떡볶이 한 조각도 입으로 넘길 수가 없었다. 이미 바짝 마른 몸에 간이 손상될 대로 손상돼 배에 복수가 가득한 아버지의 소화력으로 목 안에 넘길 수 있는 거라곤 물과 술밖에 없었다. 그렇게 며칠을 지낸 후에 아버지는 집에서 돌아가셨다. 당시 고모집에서 일하던 귀철은 아버지의 부음을 받고 곧바로 고향으로 내려갔다. 내려가는 길에 빈손으로 서울에 올라올 때를 떠올렸다. 지난 시간을 소환해서 아무리 이해하려고 애써도 그렇게밖에 살지 못했던 아버지를 납득할 수 없었다. 아버지에 대한 미움도 지울 수 없었다. 시골 장례식장에 아버지 모습이 초라한 영정 속에서 기다리고 있었다. 이미 검은 상복을 입고 있던 누나는 귀철을 보자마자 통곡했다. 누나는 아버지의 죽음을 애도해서 우는 것일까? 아니면 그렇게 살 수밖에 없었던 자신과 동생의 삶이 한스러워서 그랬던 것일까? 귀철은 눈물이 나지 않았다. 오히려 화가 났다. '왜 그렇게 살다가 그 초라한 몰골로 가셨나요?'

귀철이 고향을 떠나려고 공병 모으던 시절, 약국집 아들이었

초등생 친구와 함께.

던 유일한 친구 병기가 어디서 소식을 들었는지 빈소에 찾아왔다. 모든 게 현실 같지 않았다. 병기는 아직 고등학생이었다. 귀철은 중학교 1학년을 다니다 말고 서울로 가서 대학생들 속에서 다른 형태로 크고 있었다. 고등학생도 대학생도 아니었다. 그냥 어른들 속의 꼬마 어른이었다.

"너 가고 나서 니네 아버지 술도 더 심해졌어. 당연하잖냐. 혼자 사는 게 기적이었지. 너도 참 고생 많았다."

병기의 어른스러운 말을 듣고는 갑자기 꾹 눌렀던 울음이 쏟아져 나왔다. 해묵은 미움, 꾹꾹 눌러 왔던 서러움들이 정말 둑이 터지듯 소리를 내며 귀철의 울음과 섞여 나왔다. 아무도 귀철을 위로하지 않았다. 누나도 병기도 그리고 몇몇 동네 아저씨들도 어린 귀철의 울음소리의 의미를 알기에 그냥 그렇게 바라보면서 그저 저 울음 속에 들어 있는 귀철 마음속 깊은 한까지 씻겨 내려가기를 기원했다.

"돌볼 사람도 없으니 따로 묻을 것도 없다. 풀만 자라고 오히려 더 비참해."

큰아버지의 뜻에 토를 달 생각은 없었다. 귀철의 생각도 그랬다. 그렇게 감당할 수 없었던 아버지의 몸을 태워 들로 산으로 뿌린 날 저녁, 귀철은 하루도 고향에 머물지 않고 서울로 돌아왔다.

11

어느 날 불현듯 사랑이 찾아오다

어느 날 오후, 학생회관 농악대에서 열심히 북을 치고 장구 연습을 하고 있었다. 다른 날처럼 땀을 뻘뻘 흘리며 장구를 치고 있는데 KUSA 서클에 있던 은영 누나가 찾아왔다.

"귀철아. 밥 먹었어?"

"누나, 나 이제 식당에서 일하거든! 거기서 밥을 굶겠어?"

늘 형, 누나들이 귀철을 만나면 제일 먼저 묻는 말이었다. 은영 누나도 예외가 아니다.

"너 이번 토요일 오후에 뭐 하니? 시간 있으면 누나랑 풍물 공연 보러 갈래?"

이미 고대 풍물패에서 장구를 치고 상모를 돌리며 춤도 잘 추던 귀철은 농악대 동아리에서 거의 꽃 같은 존재가 되어 있었다. 어떤 역할을 해도 척척 소화해 내고, 무엇보다 몸이 가벼워서 장구를 메고도 다른 형들의 몇 배는 높이 그리고 오래 뛸 수가 있었다. 그런 귀철에게 은영 누나는 멋진 공연을 보여줌으로써 더 기량을 높일 수 있도록 격려하려는 심산이었다. 필봉농악의 공연이었다. 귀철은 그날 처음으로 프로들이 하는 멋진 공연을 직접 보게 된 것이다. 분명 학교에서 아마추어들이 하는 공연과는 현격한 차이가 있음을 쉽게 알 수 있었다. 다만 필봉농악에게 아쉬운 점이 있었다. 기량과 기술은 매우 훌륭하지만 뜨거운 열정과 관객을 끌어당기는 몰입감은 고대 농악대에 미치지 못했다. 귀철은 그렇게 생각했다. 그 공연을 보고 얼마 지나지 않을 때였다. 연습실에 오라는 은영 누나의 기별을 받았다. 좋은 기회였다. 연습실에 가니 그날 마당극과 풍물을 했던 쟁쟁한 연주자들이 모여 있었다. 귀철에게 기량을 볼 겸 한번 해보라고 했다. 급작스러운 일이라 귀철은 뭘 해야 할지 난감했다.

잠시 고민하다가 학교에서 형들 따라 그때그때 배운 대로 장구와 북을 쳤다. 어쨌든 오디션 자리는 처음이었다. 뭐가 정석인지 어떤 방식으로 하는 게 맞는지 모르지만 귀철은 그냥 하고 싶은 대로, 형들을 따라다니면서 배운 대로 장구를 치고 상모를 돌렸다. 연습 과정은 초급, 중급이 있어서 필봉농악 회원이 되려면 이 과정을 다 거쳐야 했다. 다행히 귀철은 무난히 합격점을 받았다. 어린 나이인 만큼 기량은 조금 다듬으면 되고 팀과의 호흡은 연습하면 될 것 같다는 게 심사를 본 사람들의 최종 판단이었다. 그리고 나서 얼마 후 귀철은 그 팀과 첫 외부 공연을 하게 된다. 대학로 마로니에 공원 큰 나무 아래가 귀철의 화려한 첫 무대였다.

서울에서의 생활이 많이 달라졌다. 귀철도 이제 서울살이를 꽤 오래 했고, 아버지를 잃은 독자인 데다가 발도 평발이고 시력도 좋지 않아 군 면제를 받은 상태였다. 늘 고향처럼 귀철을 품어주던 형, 누나들 상황도 많이 변했다. 대부분 학교를 졸업하거나 군대에 갔다. 또 많은 분들이 시국사범으로 감옥에 가거나 개인적인 이유로 학교에 더 이상 남아 있지 않게 되었다. 그들이 없는 안암동은 귀철에게 있어 낯선 서울일 뿐이다. 함께 맡는 최루탄 내음도 그리울 정도로 시간이 많이 흘러 버렸다. 짧지만 응축되었던 소년 시절도 이젠 추억 너머로 보내야 했다. 정작 홀로설 준비가 제대로 되어 있지 않은 채 귀철은 어른이 되어 가고 있었다.

홀로서기는 피할 수 없는 일이었다. 그래서 찾아간 곳이 임실 필봉농악이었다. 문화재 보유자로서 임실에 있다는 필봉농악의 선생님께 전화를 드렸지만, 처음엔 받아들여지지 않았다. 아무나 갈 수 있는 단체가 아니었다. 결국 관련된 단체의 문을 이곳저곳 두드리다가 우연히 알게 된 선생님을 통해 임실로 내려가게 되었다. 많은 추억을 두고 홀로 떠나는 서울이었다. 어릴 적 맨손으로 혼자 떠나온 고향 연천보다 안암동이 더 고향 같았던 귀철

위 사진은 필봉농악 시절 대학로 마로니에 공원에서 굿패한풀 공연을 하는 모습이다. 아래 사진은 대학생을 대상으로 한 필봉농악 전수 때의 모습이다. 장소는 남원의 금다리 호동 마을이다.

이었다. 귀철은 임실로 떠나기 전날 저녁, 하루 종일 소년 시절의 모든 시간을 함께했던 고대 주변을 쏘다녔다. 경동시장에서 출발해서 고대 정문 앞의 고모집, 마마집, 석탑서점 그리고 불빛 흐린 정문 앞 지하도와 늘 멋지고 으리으리했던 교문, 호상, 사범대, 다람쥐길, 인촌묘소를 거닐었다. 맨 처음 그를 품어준 정경대와 그 옆의 서관을 거쳐 학생회관 앞 민주광장에 도착해서는 하늘을 올려다보았다. 늦가을의 나무들이 모두 잎을 떨구고 겨우살이 준비를 하고 있었다. 다시 귀철에게 차디찬 겨울이 닥칠지 아니면 1987년의 그해처럼 따뜻하고 그리운 봄이 기다려 줄지 그 어떤 것도 명확한 것은 없었다.

임실에서의 생활은 1년 반 동안이었다. 따스하기만 했던 고대에서의 생활과는 또 다른, 설명할 수 없는 새로운 사회를 경험하게 했다. 누군가를 희생시켜서 뭔가를 얻어내고자 하는 사람들이 생각보다 많았고, 풍물 그 자체보다 다른 주변에 챙겨야 할 것들로 서열이 매겨지고 있는 현실이었다. 말 그대로 사교 능력을 인정받아야 하는 세상이 거기에 있었다. 사람들이 사는 곳 어디에나 있을 수 있는 일들이었다.

차분하게 한 걸음 한 걸음 다리를 건넌 게 아니라, 소용돌이 와중에도 형들 손에 의지해 안전하게 징검다리를 건넜던 귀철로서는 당혹스러울 수밖에 없었다. 고대를 떠난 후에 온몸으로 겪었던 세상 인심은 냉랭했다. 또 씁쓸하고 서글펐다. 풍물 실력을

눈이 내리는 가운데 한겨레신문 배달을 함께했던 고대생 형들과 찰칵(1989년).

기르는 데만 집중하면 사회성 없는 녀석이라고 질타를 받았다. 사람들과 교류하는 법을 제법 배웠다고 생각했지만, 고대의 순수한 형들과 달리 자기 몫 챙기기에 급급한 사람들과 소통하는 것은 힘에 부쳤다. 더는 머물고 싶은 곳이 아니었다. 그렇게 임실 생활을 마치고 다시 짐을 쌌다. 혼자 일어서는 법을 배워야 했다. 그래도 그에게 힘을 주었던 고대 근처로 돌아간다면 용기가 생길 것 같았다.

예전에 한겨레신문을 함께 돌리던 정진 형과 함께 살던 자취방을 찾아가 보았다. 정대 후문 쪽에서 안암 로터리로 조금 내려가다 길 건너편에 있던 일본식 가옥이었다. 여전히 주인 할머니가 귀철을 반겨주었다. 하지만 정진 형은 없었다. 생활이 힘들어 무슨 보험회사에 취업해 학교 근처를 떠났다고 했다. 좋은 대학을 나와도 다 저마다의 운명과 복이 따로 있는 것일까? 법학과 출신의 어떤 이는 데모를 심하게 해서 학사경고를 세 번이나 맞았지만 총학생회장이 총장과 담판을 벌여 구제받았다는 얘기도 들렸다. 귀철은 추억이 남아 있는 할머니네 집에서 다시 자취하기로 결정했다. 그런데 이사 당일, 장대비가 쏟아졌다. 짐이 많았던 건 아니지만 도저히 버스를 타고 옮길 수는 없었다. 옷가지와 각종 살림살이를 넣은 박스가 여럿 있었다. 날씨가 맑으면 어떻게 해보겠지만 장대비를 맞고서 짐을 옮길 수는 없는 노릇이었다. 한숨이 절로 나왔다. 임실로 내려갈 때는 선생님 아들이 직접 그를 데리러 와서 차를 타고 내려갔었다. 하지만 그들을 떠나 혼자 오겠다고 결심한 마당에 차량 도움을 요청할 순 없었다. 연천에서 떠나 무작정 상경했던 그때처럼 귀철은 또 혼자가 되었다.

다시 고려대 앞에서의 생활! 필봉마을을 다녀온 이력 덕분인지 여전히 고려대 농악대 서클실은 마음껏 왔다갔다할 수 있었다. 함께 어려운 시기를 보냈던 형들이 저마다 자기 길로 떠났지만 언제나 귀철이 드나드는 농악대 문은 열려 있었다. 여전히 농악대 내에서 정돌이로 통했고 언제나 환영받는 사람이었다. 그렇게 농악대 생활을 하다 '뭉치'를 만나게 되었다. 고대 농악대 출신 사람들이 만든 이벤트 회사였다. 뭉치에서는 전통문화를 기반으로 한 기업 연수 프로그램을 주관하는 것은 물론 민속놀이, 풍물 배우기 등의 꽤 시의적절한 문화 이벤트를 기획해 상당한 성과를 내고 있었다. 뭉치에 입사하면서 귀철은 각종 공연에 나서고 여러 문화행사에도 참여하면서 그야말로 직장 생활이란 걸 할 수 있게 되었다. 늘 귀철에게 울타리가 되어준 곳은 역시 고려대 형들이었다. 소년 시절을 보냈던 형들도 그들이었고 청년이 되었을 때도 고대는 역시 귀철의 언덕이 되어 주었다.

그렇게 일하고 돈을 벌었지만 생활은 늘 빡빡했다. 외식은 꿈도 꿀 수 없었다. 한푼이라도 아껴야만 했다. 늘 자기 손으로 밥을 해 먹는 자취 생활이 지겨워서 하숙을 해본 적도 있었다. 월급을 65만 원 받던 시절이었다. 50만 원이라는 하숙비가 부담스러웠지만 인생에서 한 번쯤 그런 사치도 해보고 싶었다. 조금 외곽인 당고개 쪽으로 나가서 하숙집을 구했다. 밥상은 어릴 때 엄마가 집을 나가기 이전에 받아 보았을 뿐이다. 그 이후에 한 번도 자기를 위해 집에서 누군가 차려주는 밥과 반찬을 먹어본 적은 없었다. 그러다가 포천의 한 초등학교에서 풍물을 가르치는 일을 하게 되었다. 늘 형들에게 사랑을 받았던 꼬마 정돌이 기억 때문인지 어린아이들과 함께하는 시간이 참 좋았다. 아이들은 절대 머리나 기능으로 뭔가를 가르치는 대상이 아니었다. 아이들은 몸과 몸을 부딪치면서 자연스럽게 습득을 시켜야 하는데, 귀철이 풍물을 가르치는 방식이 그것과 잘 맞았다. 그렇게 해서 10년 넘게 가르치고 나니 이제는 다 자라 결혼 청첩장을 보내는 기특한 녀석도 생겼다.

뭉치에서 공연도 하고 포천학교도 나가면서 생활이 어느 정도 자리를 잡았다. 그래 봐야 많이 빡빡하다 조금 덜 빡빡해진 경제 구조였지만 그래도 그만하기라도 한 게 좋았다. 밖에 나가서 김밥도 사 먹을 수 있게 되었고 수업이 끝나면 귀여운 아이들에게 치킨도 사 줄 수 있다는 사실이 신기했다. 그때까지도 귀철은 술은 입에도 대지 않았다. 아버지의 술 냄새는 지금도 코끝에서 느낄 수 있을 만큼 진했다. 똑같은 사람이 되고 싶지는 않았다. 술만 안 마시면 뭐든 다 될 거 같았다.

안암동에서의 두 번째 삶은 조금은 고단했지만 고향에 돌아온 기분이었다. 오가며 아는 형들이나 누나들을 마주칠 수 있었고, 학교 앞 점포 중 웬만한 곳에서는 거의 다 귀철을 알고 있었다. 인사를 하면 거기를 바로 친척 집으로 만드는 붙임성이 귀철에게 있었다. 학교 근처에는 작은 이류 극장이 하나 있었는데 간판이 아주 원색적인 '고려극장'이라는 곳이었다. 학생들은 그곳을 고려 시네마 또는 안암 아트홀이라고 불렀다. 미아리 쪽에 대지극장이 있긴 했지만 거기는 나름 개봉관이었고, 고려극장은 동시 상영을 하는 곳이었다. 값이 싸고 다른 영화를 두 편을 볼 수 있다는 장점이 있었다. 〈훔친 사과가 맛있다〉, 〈산딸기〉 등의 야한 간판이 걸리면 그걸 구경하는 재미도 쏠쏠했지만 정작 귀철이 좋아했던 건 홍콩영화였다.

어쩌다 돈이 생겨 극장에 가게 되면 〈천녀유혼〉, 〈영웅본색〉 등의 홍콩영화를 보면서 두 번씩 돌 때까지 하루 종일 극장에서 나오지 않은 적도 있었다. 젊은 청춘 시절, 그 나이에 생계를 온몸으로 해결해야 했던 때에 그렇게 보는 영화가 그에게는 최고의 사치스러운 취미 중 하나였다. 당시에는 배우 왕조현이 너무도 예뻤다. 고대를 다니던 촌놈들은 화면에 왕조현 얼굴이 클로즈업이 되면 "와~~!" 하는 감탄사를 연발하면서 카메라 플래시를 터트리는 등 난리도 아니었다. 극장 안에서도 담배를 피우고 신발을 벗고 의자 위에 올라가 눕다시피 해서 보기도 하는 등 정말 공중 예절 따위는 아예 없었던 공간이기도 했다.

뭉치에서 일을 하던 중, 잠깐 다른 단체의 캠프에 들어간 적이 있다. 김덕수 사물놀이패 출신의 리더가 이끄는 팀이었다. 그곳 멤버 중 한 분에게서 소고를 배웠고 상모 돌리기 기술도 새롭게 배웠다. 몸 재간이 있던 귀철은 거기서 징소고를 하는 어느 선배 눈에 띄게 되었다. 어느 날 공연을 끝내고 들어오자 그분이 다가와 "너, 내 제자 해라."라고 한마디했다. 그 길로 귀철은 그의 문하생이 되었다. 처음엔 좋은 기회라 여겼지만 실상은 그렇지 않았다. 기예가 뛰어난 분이었지만, 제자보다는 자신만을 챙기려는 모습을 보며 크게 실망했다. 귀철은 그런 태도를 견딜 수가 없었다. 목적했던 하나를 벌면 그다음에는 더 벌기 위해 애쓰는 모습이 보기 싫었다. 세상을 살아가는 방법은 저마다 다르겠지만 귀철에게는 몸에 밴 한 가지 철칙이 있었다. '세상은 나 혼자만이 살아가는 곳이 아니다.'

누가 가르쳐 준 것도 아니었다. 그냥 어린 소년 시절, 그를 입혀주고 안아주고 보듬어 주던 형과 누나들이 몸소 가르쳐 준 진리였다. 그들은 자기들이 갖고 있는 능력들을 활용하면 세상의 권력과 돈과 명예 등을 챙길 수 있다는 걸 알면서도 늘 옳다고 생각하는 일에 헌신했다. 그 일들이 정말 옳기만 했던 것인지는 지금의 잣대로 볼 때 맞지 않을지도 모르겠다. 그런 생각을 판단할 수 있는 잣대도 없고 정답은 더더욱 없으니 말이다. 하지만 그건 중요하지 않았다. 그 젊은 나이에 불의에 대해 분노할 줄 알고 내 한 몸 편하기 위해 다른 사람을 밟거나 외면하는 게 아니라, 함께하면서 힘을 얻고 함께 뭉쳐서 맞서는 것은 당연한 일이며 청춘의 특권이라고 믿는 사실이 중요했다. 함께 어깨를 걸면서 소리 내어 외치던 형, 누나들에게 배웠던 세상살이의 유일한 방법이었다.

뭉치에서 여러 공연을 소화했던 귀철이 그 경력으로 다른 문화 예술팀에 입단하게 되었다. 그것이 문제였다. 그 팀의 단장이라는 작자의 비리만 아니었어도 좋아하는 풍물을 하며 제법 안정된 생활을 할 수 있었을지 모르겠다. 그 단장은 비즈니스라는 명분하에 허구한 날 술 마시는 데 돈을 낭비했다. 그 때문에 열심히 일한 단원들은 제날짜에 월급 받기가 힘들 지경이 되었다. 게다가 무대 공연만 하던 김덕수 사물놀이팀 출신의 단원을 데리고 회사 연수니 이벤트니 하는 행사에 가서 해당업체의 과장, 부장 앞에서 북, 꽹과리를 치며 비위를 맞출 것을 강요했다.

2시간에서 3시간 사물놀이 완판으로 풀 공연을 하며 자존감 높던 사람들이 푼돈을 벌기 위해 꼭두각시가 되어야 했다. 소원을 비는 비나리를 하려면 앉아서 꽹과리, 진장구를 치고 서서 상모를 돌리는 게 한 세트였는데, 이런 공연을 할 기회는 아예 없었다. 꼭두각시처럼 하라는 것만 잘라서 보여줘야 했고, 국악 따위를 볼 의향이 없는 결혼식장 하객들 앞에서 공연을 해야 했다.

그러다 보니 단원들 탈퇴가 너무 잦았고, 예술 감독이라는 작자는 그 스트레스를 모두 단원들에게 풀었다.

아버지 때문에 절대 마시지 않겠다고 다짐했던 술을 그때 배웠다. 고대 막걸리 명소인 고모집에서 일할 때에도 끝내 참았던 귀철이였다. 아무리 좋아하는 형들이 술을 권해도 끝내 사양했었다. 술을 많이 마시고 주사를 피우거나 난동을 부리는 부류를 보면 늘 불안한 마음이 들었다. 잊고 싶은 아버지 생각이 났다. 하지만 이런 공연을 함께하는 단원들 사이에는 위계질서가 강했다. 선배가 일어나라면 일어나야 했고 기라면 기기도 해야 했으며 죽으라면 죽는 시늉도 해야 했다. 당연히 술을 못 마신다는 핑계는 통하지 않았다. 마시지 못하는 술을 억지로 받아야 했고, 한 번에 다 마시지 못하면 벌주를 더 먹였다. 못 마시겠다고 반항하면 바로 그 자리에서 얼차려나 뒤집기를 시켰다. 곡괭이 자루 같은 걸 세워놓고 뒤집기 상태로 공중에서 때리는 체벌도 받은 적이 있다.

처음으로 술을 마시고 집에 들어간 날 저녁, 밤새 기어다니며 토하고 또 토했다. 살기 위해서 해야 하는 일들이 아직도 이렇게 많다는 사실 때문에 몸이 괴로웠고 마음은 더 불편했다. 단장은 공금까지 맘대로 쓰더니 급기야는 인천 지역의 한 여고생에게 성추행 범죄를 저질러 고발당하는 일까지 벌어졌다. 고대의 형, 누나들과 생활할 때는 단 한 번도 생각하지 못했던 일들을 연속적으로 보았다. 더 이상 그런 사람과 함께 할 수 없었다. 결국 그 조직은 와해되었고 이후 귀철은 프리랜서가 되었다.

실력에 관해서는 어디서도 꿇릴 게 없는 귀철이었다. 누구라도 그의 설장구를 보고 나면 연락이 오고 다음 공연을 의뢰하곤 했다. 다만 국악 영역 자체가 돈이 되는 곳이 아니었기에 연주만 하면서 생계를 이어가는 건 쉽지 않았다. 늘 굶지 않을 만큼이었다. 쌀이 떨어질 날짜에 맞춰 일거리가 생기는 기적이 일상처럼 펼쳐졌다. 그러는 중 대구에 있던 어느 풍물패에서 그를 초빙했다. 대구가 나름 풍물에 관심이 많은 지역이었고, 큰 줄기에 따른 풍물패 가지들이 많이 있었다. 그중 한 단체에서 젊은이들이 팀을 만들어 귀철을 선생으로 초빙한 것이다. 당장 공연이 있던 때도 아니었기에 흔쾌히 초청에 응했다. 일단 일주일 시한을 두고 대구로 내려갔다. 이 대구행이 귀철에게 소중한 인연이 되었다. 귀철 인생에 있어 가장 드라마틱한 일이 기다리고 있었던 것이다.

대구 센터에서 만난 학생들은 대부분 남학생이었는데 여학생이 딱 둘이 있었다. 그중 한 명이 바로 지금의 아내다. 두 명의 여학생 중 하나였던 효정은 수업이 끝난 후에 이런저런 궁금한 것에 대해 자주 물었다. 대화는 주로 전화였다. 귀철은 신체적으로 청년이 되었지만 '여자' 사람에 대해 생각해 본 적이 없었다. 생존만이 그의 본능의 전부였기 때문이었을까? 오늘 당장의 끼니를 해결해야 하고 누울 자리를 찾아야 하는 하이에나 같은 삶에서 이성과 만나고 미래를 계획한다는 건 사치일 뿐이었다. 효정은 유난히 눈이 반짝이고 귀철이 뭔가를 설명하면 질문을 많이 했다. 원래 전공이 체육이었는데 적성에 맞지 않아 국악을 공부해 보려고 연습생이 되었다고 했다. 그래서인지 씩씩하고 성격이 적극적이었고 터프하기까지 했다.

사건(?)은 일주일 연수가 끝난 후에 터졌다. 서울에 올라온 귀철에게 전화해 이것저것 묻던 효정이 전화를 끊으려는 순간에 불쑥 물었다.

"선생님, 근데… 이런 맘 아세요?"

"어떤 맘?"

"선생님 보고 싶은 맘이요."

어디선가 '쿵' 하고 벼락이 울리는 것 같았다. 큰 바위가 가슴 저 아래 언저리로 떨어진 것도 같고, 머리를 뭔가 큰 망치가 와서 치고 간 것 같은 충격이었다. 여자한테, 아니 누군가로부터 이런 말을 듣고 살아 본 적이 있었나? 누군가를 보고 싶다는 말이 좋아한다는 말의 다른 표현이라는 걸 귀철은 처음 느꼈다. 좋아한다는 말이 "밥 먹었니?"라는 말로만 대신하지 않는다는 것도 처음 알게 되었다. 나이가 일곱 살이나 어린, 그것도 자기의 제자였던 여학생이 던진 그 한마디 때문에 그날 밤 귀철은 한숨도 못

자고 뜬눈으로 깨어 있었다.
　KTX가 막 생겼던 시절이었다. 굳이 대구에 내려갈 이유가 없었다. 귀철은 어린 여학생이 던진 한마디에 천릿길이 멀다 하고 달려가는 사내로 돌변했다. 그렇지만 부끄러움 때문이었는지 자신이 일도 없는데 무작정 대구로 내려올 만큼 무모한 사람이라는 걸 그녀에게 들키고 싶지는 않았다. 그냥 KTX를 한번 타볼 겸 대구나 내려가겠다는 말을 하면서도 혹시 자기 마음이 들키는 게 두렵기도 했다. '그냥 한번 무심코 보고 싶다고 할 수도 있지. 그냥 던진 말인데 내가 너무 오버하는 것 아닌가? 또 그렇게 보이면 어떻게 하지?'
　수만 가지 생각으로 몸을 뒤척이던 귀철은 주말 새벽에 눈을 뜨자마자 역으로 달려갔다. 귀철의 지갑에는 신용카드가 없었다. 혹시라도 신용카드 같은 걸 갖고 다니면서 충동적으로 경제적 형편보다 더 쓰는 일이 있으면 안 된다 싶어 만들지 않았었다. 체크카드 한 장을 들고 역으로 갔다. 하필 당시 체크카드는 아침 아홉 시가 되어야 사용이 가능했다. 눈 뜨자마자 바로 달려오느라 시간도 몰랐다. 벽에 있는 시계를 올려다보니 아침 일곱 시였다. 첫차가 출발하려면 무려 두 시간을 기다려야 했다. 허탈했지만 도리 없이 두 시간을 역사에서 기다렸다. 그럼에도 이른 아침부터 좋아하는 이를 떠올리며 기다리는 두 시간이 달콤하기 그지없었다. 난생처음 느껴보는 감정이었다.

고려대 형, 누나들에게 많은 것을 배웠지만 이런 감정은 배운 적이 없었다. 마음을 출렁이게 만든 어떤 한 사람을 선택하고 그 사람과의 만남을 위해 아주 긴 시간을 기다린다는 것이 어떤 것인지를 그동안은 알 리가 없었다. 설령 형들에게 그런 것을 배웠다 하더라도 꼬마 시절에는 도저히 이해할 수도 없었을 거다. 자기를 돌보지 않고 상대만을 생각할 수 있다는 기적이 실제로 귀철에게 일어난 것이다. 달콤하면서도 단 한 번도 느껴보지 못한 묘한 감정이 밀물처럼 몰려왔다. 풍물을 하는 과정에서 많은 누이들과 여자 친구들도 만나봤지만, 그들은 늘 귀철이 의지하는 사람이었을 뿐이다. 그때까지 귀철은 자신이 누군가를 보호할 수 있다는 자신감이 거의 없었다. 자신을 의지하는 어떤 사람이 이 세상 어딘가에 존재한다는 상상도 할 겨를이 없었다.

우여곡절 끝에 내려간 대구에서 귀철은 남들이 다 하는 데이트를 시작했다. 효정과 영화도 보고 밥도 먹었다. 효정은 대구의 유명한 사립대학 체육과를 다니다가 휴학했고, 고등학교 때부터 관심이 있었던 풍물을 본격적으로 공부하고 싶어 했다. 그런 그녀에게 귀철은 국악학과에 진학하라고 권했다. 당시 중앙대학교 국악관현악 학과에서는 타악 전공자를 단 한 명만 뽑았다. 4개월 남짓의 입시 준비를 하면서 귀철은 온갖 노력을 기울여 그녀의 진학을 도왔다. 직접 수험생이 된 것처럼 피땀 흘려 그녀를 가르쳤다. 학교도 제대로 다녀보지 못했고 농악 단체에 들어

가서도 마음이 맞지 않아 주인공으로 살지 못했던 귀철이었다. 그랬던 귀철이 자신의 모든 예술적 재능을 쏟아내며 사랑하는 한 여인을 위해 아낌없이 열정을 불태웠다. 그 결과는 당당한 합격이었다.

합격 후 대구에 내려간 날 저녁이었다. 효정은 난데없이 귀철을 자기 집에 놀러 가자고 끌어당겼다. 편안하게 대충 티셔츠에 청바지 같은 걸 입고, 아무런 몸과 마음의 준비가 되지 않은 상태였다. 당연히 주저할 수밖에 없었다. 게다가 내세울 거라고는 하나도 없는 자기의 처지가 아닌가. 결국 사람들과 함께 모여 술 한잔을 하고서 살짝 취한 기운을 빌어 그녀의 집을 방문했다. 밤 열 시가 다 되었고 비까지 엄청나게 쏟아지던 날이었다. 다 젖은 양말로 들어갈 수가 없어서 현관에서 양말을 벗었다. 처음부터 정말 모양 빠지는 일의 연속이었다. 술이 이미 된 상태에서 밤 열 시 넘어 방문했는데, 그것도 물에 빠진 생쥐 꼴을 하고서 찾은 손님을 반길 리가 없다. 더군다나 예비 사윗감이 처음으로 인사드리는 자리가 아닌가. 이 상황을 좋아할 부모가 어디 있을까? 그때 늦게 귀가한 효정 아버님은 딸이 데리고 온 남자를 당연히 마뜩하게 보지 않았다. 효정 어머니가 간단히 내어온 술상을 앞에 놓고 두 남자는 데면데면 말이 없었다. 아버지는 TV를 크게 켜놓고 가끔 헛기침만을 했다. 그러면서 앞에 있는 귀철에게는 눈길도 주지 않았다. 그런 어색한 침묵을 깨고 효정 아버지가 물었다.

"군대는 갔다 왔나?"

"아닙니다. 부모님이 다 돌아가셔서… 부선망 독자라 면제받았습니다."

남자가 군대를 마치지 않은 건 어쨌든 결격사유 중 하나다. 맘에 들어 하지 않은 표정이 역력했다. 대구는 지금도 그렇지만 당시에도 상당히 보수적인 도시로 유명했다. 잠시 후 아버지는 분위기를 돌리려는 뜻이었는지 서랍장에서 양주 한 병을 꺼내왔다. 하필이면 시바스 리갈이었다.

"이 술이 돌아가신 박 대통령이 좋아하시던 바로 그 술이네."

"저는 박정희 싫어합니다."

자기도 모르게 이런 말을 왜 한 건지, 정말 그 순간 입을 꿰매 버리고 싶었다. 그 말에 아버지 표정이 서늘해졌다. 인상을 찌푸리는 게 확연히 보였다. 어떻게든 수습해야 했다. 그때 하필 왜 귀철 마음속에 고대 앞 고모집에서의 형들이 떠올랐을까? 형들이 막걸리를 마시고 있을 때 귀철은 술 대신 물을 담아 형들 잔에 부딪히며 "짠!" 하고 같이 건배를 했었다. 심지어 마시고 있을 때도 잔을 부딪치면 형들은 늘 너그럽게 "그래, 짠!" 하며 귀엽다는 듯 귀철의 건배를 받아주었다. 그게 사단이었다. 아버님이 들고 있던 양주잔에 귀철이 할 수 있는 한 최대한 귀여운 표정으로 다가가 자기 잔을 부딪쳤다. "짠!" 하고서. 다음 장면은 말하지 않아도 한 편의 웃지 못할 코미디였다. 아버님은 말은 안 했지만 어이없는 표정과 황당한 표정을 반반 섞어 지으며 연거푸 "이런 이런, 쯧쯧." 이란 말만 되풀이했다.

다음날 아침 새벽같이 일어나 집을 나서는데, 효정은 보이지 않았고 효정 어머니가 배웅을 나왔다.

"아침은 없네. 어서 올라가게."

서울로 올라가는 기차에서 귀철은 자기 머리를 유리창에 쿵쿵 박고 머리를 흔들었다. 그리고 입을 손으로 쥐어뜯었다. '아니, 그 순간 짠!이 뭐냐고 짠이. 내가 미쳤지.' 훗날 효정에게 들어보니, 그날 아버님은 어디서 그런 근본도 없는 녀석을 데려왔느냐며 노발대발했다고 했다. 게다가 서울에 있는 대학에도 보내지 않을 기세로 화를 냈다고 했다. 귀철은 낙담했다. 그렇게까지 아버님이 화를 냈으니 그녀와의 미래가 불 보듯 뻔한 일이 아니겠는가.

아내는 생활력이 강한 사람이다. 몸도 마음도 건강하지만 마음먹은 일은 끝내 해내는 의지도 남달리 강한 편이다. 처음 아내를 만나러 대구에 내려가 첫 데이트를 할 때 귀철은 작심하고서 직구를 날렸다.

"결혼할 생각이 없으면 처음부터 만나지도 말자. 난 사람을 그저 만나보고 싶어서 혹은 재미로 사귈 생각이 조금도 없어."

그 말에 효정은 처음부터 그 뜻을 받아들였다. 그렇게 출발한 연애였다. 하지만 지금도 그 말만 하면 아내가 꼭 하는 말이 있다.

"내가 미쳤지."

누군들 과거에 구애하려 즐비하게 줄을 섰던 사람에 대한 미련이 없겠냐마는, 특히 아내는 지금의 팍팍한 삶이 힘들어서인지 가끔씩 그런 말들을 하곤 한다. 귀철과 결혼하지만 않았어도 대구 무슨 무슨 갈빗집을 이어받았을 거라느니 또는 팔공산 아래 무슨 공원 주인이 되어 저녁에 매표소 가서 티켓 값만 수거하면서 살 수도 있었을 거라는 우스갯소리를 하곤 한다. 물론 지금 생각하면 더 풍요롭게 살 수도 있었을지 모르는 아내에게 미안한 마음이 가득하다. 그래도 그때에는 자신이 있었다. 무슨 일이 있어도 내 몫만 챙기고 사람을 속이는 일은 하지 않는다는 원칙만 갖고 있다면 한 가정을 꾸려도 크게 잘못될 일은 없을 거라고 생각했다. 가정은 돈으로 꾸리는 게 아니지 않는가. 그리고 돈은 정직하게 살아가는 사람에게는 알아서 저절로 따라오는 것일 거라고 믿었다.

귀철은 첫 만남에서의 대실패에도 아랑곳하지 않았다. 효정을 포기할 순 없었다. 이후에도 귀철은 뻔질나게 대구를 드나들었다. 처가는 아주 크지는 않지만 대구 시내에서 식당을 하고 있

왼쪽 사진은 결혼식 장면. 귀철은 결혼 후 세 명의 자녀를 낳았다.
오른쪽 사진은 세 아들과 여행했을 때의 정겨운 모습이다.

었다. 복 전문점은 아니지만 복매운탕, 아구찜 등의 해물 요리를 취급하는 식당이었는데 음식 맛도 좋고 해서 제법 손님들이 많았다. 귀철은 거기서 하루 종일 신발 정리를 시작했다. 물론 누가 시켜서가 아니었다. 아내의 식당에 가장 필요한 인력이 무엇일까를 생각해 보고 그가 고른 첫 번째 작업이었다. 처음에 허리를 굽혀 손으로 정리를 했는데 허리가 아팠다. 다음엔 신발 정리하는 집게를 준비해 내려갔다. 손님들이 있는 동안 집게로 종일 신발 정리를 하고, 손님이 뜸한 시간엔 주방에 들어가 팔을 걷어붙이고 설거지를 했다. 허리가 아플 정도로 설거지를 하면서 귀철은 생각했다. '짠 한번 한 거만 빼면 뭐 그리 내가 나쁜 놈은 아닌 거잖아. 기다려 보자.' 그렇게 묵묵하게 올 때마다 조용히 식당에서 일을 해주던 귀철을 어느 날 아버님이 불렀다.

"성당을 다니고 교리를 배워라. 할 수 있겠나?"

앞뒤 가릴 처지가 아니었다. 대뜸 "네!"라고 대답했다. 성당을 다니고 영세를 받아 아내를 얻을 수 있다면 가톨릭이 대수인가? 맨발로 작두를 타는 무당이 되라고 해도 무조건 할 수 있을 것 같았다. 마침내 구애 작전의 결실을 보게 되었다. 해피엔딩이었다. 일 년 후 두 사람은 결혼식을 올렸다. 지금까지의 생활 자체는 빈곤 그 자체였지만 결혼식만큼은 성대했다. 두 사람이 제일 잘할 수 있는 공연만 한 시간을 했으니 말이다. 태릉에 있는 야외 결혼식장에서 두 사람은 가마를 타고 입장했다. 한예종 연희과 출신들이 세운 청배연희단의 길놀이부터 시작해 사랑가에 곁들인 춤 공연 그리고 판굿과 사자굿으로 마무리하는 멋진 결혼식이었다. 다른 결혼식에 왔던 하객들까지 귀철 부부의 특별한 이벤트를 보면서 "저런 게 진짜 결혼식이지."하며 감탄하며 환호했다.

당시에는 SNS 같은 게 잘 되어 있지 않아 정경대 형들을 비롯한 많은 분들에게 결혼 소식을 제대로 알리지 못했다. 다만 계속 소통하던 농악대 형, 누나들이 십시일반 돈을 모아 귀철의 결혼을 축하했다. 여전히 형, 누나들은 귀철의 고향이었고 부모나 친형제였다. 그들 속에서 자라나 어른이 되었고 그들로부터 배운 장구와 사물, 풍물로 한 가정을 이루게 된 것이다.

결혼은 귀철에게 있어 전혀 다른 인생이었다. 온갖 노력 끝에 아내를 얻어 날아갈 듯한 행복감을 느꼈다. 다만 현실의 생존은 녹록지 않았다. 오히려 어린 시절보다 더 힘들 때도 많았다. 당시에 대학을 다니지 못한 남편을 맞았던 아내는 중앙대 국악과에 다니고 있던 학생이었다. 부모님에게 학비 지원은 받았지만 가정을 꾸리며 학교에 다니는 일이 여간 고된 게 아니었다. 아내 전공은 타악이었다. 국악에도 창작곡이 많고 연주 역시 한두 명의 주인공 힘만으로 끌고 가는 게 아니었다. 두 사람이 힘을 모아 상계동에 연습실을 냈다. 함께 연주도 하고 학생들도 기르겠다는 뜻에서였다. 아내는 중계동에서 안성까지 통학했다. 아이까지

출산한 아내는 정말 초인 같은 의지로 그 어려움을 이겨내며 살았다. 공연도 하며 레슨도 했지만 빠듯하게 돈을 버는 남편을 믿고 아이를 셋씩이나 갖자는 아내는 그만큼 사랑이 많은 사람이고 가족애가 강한 사람이었다.

   수중에 돈도 없었지만 마음먹고 악착같이 돈을 모았다면 어땠을까? 지금 돌이켜 생각해 보면 그렇게 살려면 귀철은 '나쁜 놈'이 되어야만 했다. 누가 뭐래도 많은 사람들의 사랑을 받고 살아온 귀철이었다. 사람이 타인에게서 어떤 베품을 받으면 그만큼 반드시 되돌려 줘야 한다는 걸 귀철은 고대 시절에 형들에게서 몸으로 배웠다. 후배나 제자 중에 형편이 어려운 친구를 만나면 귀철은 자기 손으로 재우고 먹였다. 여러 단체에서 그를 가르쳤던 유명 선생들조차 돈을 제대로 쓰는 선생들은 그리 많지 않았다. 그렇게는 살고 싶지 않았다. 세상을 사는 게 결코 물질이 아니라는 진리를 일찌감치 깨달았던 것 같다. 형, 누나들이 공부하라고 책을 갖다주고 학원에 보내주고 했지만, 어쩌면 세상 사는 이치와 삶의 진정 소중하고 귀한 선물은 공부도 돈도 아닌 그들과의 '관계' 속에 있었다.

12

정의롭게 산다는 것

사는 건 바쁜 일이었다. 앞도 뒤도 돌아볼 여유가 없었고 세상도 많이 변했다. 민주화운동의 파고가 한없이 높았던 시간은 이제 과거의 일이 되었다. 1987년 6월항쟁의 빛나던 광휘는 옛 영광이 된 듯한 시절이기도 하다. 언론에서는 과거 학생운동권 출신들을 기득권 세력으로 폄훼하면서 386이 어떻고 486이 어떻고 하는 말들을 유포하고 있다. 1980년대 학생운동을 얘기하면 낡은 시절을 벗어나지 못한 '꼰대' 취급을 받기도 한다. 이 땅에 사는 대부분의 사람들이 초침 소리에 맞춰 성장과 발전의 시대에 뒤처지지 않기 위해 정신없이 앞으로만 달려가고 있었다. 귀철도 아이들을 가르치고 간간이 들어오는 요청대로 공연도 한다. 또 상계동 연습실에서 일궈 놓은 팀과 제자들을 돌보느라 몸과 마음이 늘 바쁘다. 아내가 귀철보다 일을 더 많이 했기 때문에 가사 노동은 귀철 몫이었다. 게다가 아들이 셋씩이나 되고 보니 돌아서면 일거리였다.

그래도 귀철은 아무런 생각 없이 앞만 보며 달려가는 건 싫었다. 고대에서 살 때 형들에게 배운 게 너무 많았다. 공부하라는 형들도 있었고 기술을 배우라는 조언도 많았다. 당연히 눈물 나게 고마웠고 실제 도움이 되었지만 공부는 제대로 하지 못했다. 기술 또한 마찬가지였다. 다만 정의롭게 살아야 한다는 한 가지 철칙만은 잊지 않았다. '정의'라는 단어가 귀철에게 얼마만큼의 의미를 주는 건지 언어적으로 따질 필요는 없다. 그냥 양심의 소리에 따르면서, 나 아닌 나보다 좀 힘든 사람들에게 도움을 주면서 사는 정도가 귀철이 생각하는 정의의 전부다.

경기도 광주에 위안부 할머니들이 있던 '나눔의 집'이라는 곳이 있었다. 불교 인권위원회가 흩어져 살던 위안부 할머니들을 모신다고 해서 사회적으로 큰 관심을 받았었다. 후원금도 많이 모였고 도움의 손길도 넘쳤지만 얼마 가지 않아 후원금 사용 논란이 일었다. 그 일이 방송에 알려지면서 지금은 거의 빈집이 되어 버린 안타까운 공간이다. 당시에는 늘 좋은 일을 해야 한다는 숙제 같은 마음이 있었다. 형, 누나들에게 어릴 때 받았던 은혜는 돌려주어야 가치가 있는 것이라고 마음속 깊이 저장을 해 두었다. 물론 주로 악기로 할 수 있는 재능기부도 많이 하던 터라 나눔의 집에 자주 봉사 공연을 하기로 했다.

공연을 준비해서 작은 규모지만 할머니들을 위해 장구를 치곤 했다. 귀철의 단원이 공연하는 걸 보려고 거동이 불편한 할머니까지 참석할 정도로 큰 환호를 받았다. 몸을 못 움직여 거실에 누워 있는 할머니를 침상 그대로 옮겨 공연을 보게 한 것이다. 처음에는 봉사활동을 하려고 자원했지만 그다음부터는 나눔의 집에서 반대로 요청을 해왔다. 그만큼 할머니들이 귀철 단원의 공연에 즐거워하고 흡족해했다. 그런데 세 번째쯤 공연이 예정된 날에 예기치 않은 일이 일어났다. 귀철과 단원들은 그 공연을 위해 외부로부터 후원을 받은 음식과 물품들을 챙겨 즐거운 마음으로 그곳에 도착했다. 그날은 광복절이라 휴일까지 반납한 상태였다. 하지만 공연 시간이 한 시간이나 지나도 계속 대기하라는 부탁만 왔다. 결국 귀철은 무대에 오를 수 없었다. 나중에 그 내막을 알게 되었다. 시장과 국회의원들이 행사에 오기로 한 게 그 이유였던 것이다. 몸이 편치 않은 할머니들은 물론 다른 지역 관객들도 많았지만 결국 권력을 가진 한두 사람이 나타날 때까지 그들은 주인공이 아닌 나머지 떨거지였다. 그런 사람들이 아직도 정치의 중심에 있었고 그런 사람들을 떠받들며 모시는 사람들이 아직도 너무 많았다. 세상은 크게 변하지 않은 모양이다.

귀철은 나눔의 집 할머니 봉사활동을 하면서 후원을 해주면 좋겠다는 포스팅을 페이스북에 올렸다. 혼자만의 열정과 의욕만

나눔의 집에서 했던 공연 장면.

으로 그들을 실질적으로 돕는 건 역부족이었다. 큰 기대를 하지 않았는데 뜻밖에 반가운 소식이 왔다. 고려대 총학생회에서 활동했던 현실 누나가 연락을 해온 것이다. 정말 반가웠다. 20년쯤도 더 오래된 시절, 매일 얼굴을 마주쳤던 그 누나를 세월이 한참 흐르고 세상이 바뀐 후에 온라인으로 만날 수 있게 된 것이다. 누나는 여전했다. 그때처럼 귀철을 반갑게 품어주고 귀철이 추진하는 활동을 흔쾌히 지원했다. 귀철은 어릴 때 누나가 사주는 라면을 먹듯이 즐거운 마음으로 아무런 사양 없이 냉큼 그것들을 받았다. 먹을 것들을 사고 선물을 준비해 할머니들에게 나눠 주러 갈 때는 마치 어린 시절의 정돌이가 된 기분이었다.

  귀철이 혼자 어떤 일을 결정해서 앞장서는 일은 무대 위에서 직접 장구를 칠 때 말고는 없었다. 풍물을 할 때 많은 사람을 겪으며 앞서는 일에 대해 점점 회의를 갖게 된 것이다. 사람들은 대부분 우두머리가 되거나 실력이 출중해서 남보다 위에 서게 되면 결국엔 더 많은 욕심을 품는다. 욕심을 부리는 것도 좋고 혼자 남보다 뭘 더 얻으려고 하는 것도 괜찮다. 문제는 아랫사람을 희생시키는 경우가 많다는 것이다. 재주는 곰이 넘고 돈은 다른 사람이 벌게 하는 식의 리더를 귀철은 혐오했다. 모두 평등하게 인권을 보장하며 사람 사는 사회를 만들려고 형, 누나들이 그렇게 고통받았던 게 아닌가? 가장 예민하고 어떤 가치가 마음에 스며들기 좋은 시기인 사춘기 때 귀철은 그렇게 사는 법을 배웠

고려대 민주광장에서 진행된 고대 민주열사 추모제 공연.

다. 고려대학교의 형, 누나들이 스승이었고, 학교였고, 어쩌면 종교이기도 했다. 무대에 서고 남들보다 위에 올라서려면 순수하게 연주만 해서는 될 일이 아니었다. 그렇게 다른 걸 신경쓰지 않으려면 어떻게 해야 하는지 고민하다 만든 게 연습실이었다. 가지고 있는 재능과 실력만큼은 누구보다도 자신 있었다. 이걸로 누굴 돕는 게 좋을까? '필요한 사람들에게 디딤돌이 되어주자.'

누군가를 희생시켜 얻는 이익을 귀철은 극도로 싫어한다. 공연에 가도 정확하게 페이를 나누자는 원칙을 세웠다. 넷이 움직이는 공연을 가도 스타 한 사람의 반도 안 되는 금액을 받을 때가 많다. 씁쓸하기도 하고 제자들에게 미안하기도 했다. 귀철은 선생이 더 갖는 법은 원치 않았다. 그의 그런 자세를 믿고 제자들이나 동료들은 헐값의 공연에 같이 무대에 서주기도 했고, 나눔의 집 같은 곳에 봉사활동을 가자고 해도 누구 하나 마다하는 법이 없었다. 처음으로 리더가 무엇인지, 앞에 선다는 의미가 무엇인지 나눔을 통해 이해했고 봉사를 통해 실천했다.

그렇게 연락이 된 고대 형들과 민주동우회 추모제도 함께하게 되었다. 또 나눔에 집에 다니면서 거기서 봉사활동을 하고 있던 준영 형도 만나게 되었다. 총학생회에서 일했고 누구보다 강해 보였던 형은 지금도 그 마음이 예전 그대로 하나도 변하지 않은 것 같았다. 1987년 당시 직선제 개헌을 해놓고도 야당이 통합되지 못해 우왕좌왕하던 세태를 누구보다 통탄하고 분노하던 형이었다. 세월이 지나면 여기저기 갈고 닦이고 세월의 파도에 쏠려 적당히 타협도 할 법도 한데, 형이 품고 있는 원칙과 생각은 여전히 그대로였다. 함께 김치를 담그고 나서 귀철 팀이 공연을 했다. 그리고 음식을 나눈 뒤에 그냥 헤어지기 섭섭해서 모두 노래방으로 달려갔다. 노래얼 출신의 형과 누나들도 있었다. 모두들 어깨 걸고 학생 시절에 부르던 노래를 함께 불렀는데, 갑자기 준영이 형이 목에 메었는지 마이크를 잡고 흐느꼈다. 정말 누구랄 것도 없이 조금씩 어깨를 들썩이다 흐느끼며 눈물을 삼켰다. 누구에게 칭찬받은 적도 없고 어디서 보상받지도 못했지만 지난하고 힘겹게 지나왔던 세월의 강을 건너 이렇게 저마다 다른 모습으로 만난 서로가 대견하기도 하고 안쓰럽기도 했던 것 같았다. 그 시간 사이에 함께하다 사라지거나 세상을 떠나버린 형, 누나들의 이름을 부르는 목소리도 들려왔다. 이젠 귀철이 형들을 위로할 차례였다. 침울할 시간이 아니었다.

"지금 이렇게 함께 볼 수 있잖아요. 이것만으로 얼마나 감사한 일인데."

그리고 잠시 후 귀철이 탬버린 단독 공연에 나섰다. 장구를 메고 채를 든 채 공중부양까지도 하라면 할 수 있는 손이다. 이깟 탬버린쯤이야 누워서 떡 먹기였다. 그날은 귀철뿐 아니라 모두 부어라 마셔라 정말 떡이 될 때까지 술을 마셨고 함께 울고 웃었다. 시간의 강은 성큼 사람들 앞으로 다가왔고, 그 넓고 오

귀철이 세운 사물놀이 캠프 참가자들과 함께.

촛불집회 무대에 올라 가수 전인권과
함께 합동공연을 했다.

래된 간극을 함께 한 추억으로 메꾸며 서로에게 가깝게 다가가는 밤이었다.

2016년 박근혜 정부에 대한 퇴진 요구와 시위로 전국이 뜨거웠다. 귀철이 고대에 살던 시절의 형들이 넥타이를 매거나 메가폰을 들고 다시 광화문에 집결했다. 그곳에서 귀철은 30년 전의 시간을 떠올렸다. 세월호 침몰에 대한 책임도 사과도 없는 정부에 화가 나 있던 시민들이었다. 이후 농민운동가 백남기 사망 사건에 이어 최순실 문제, 문화계 인사 블랙 리스트 사건이 줄줄이 터지면서 그들의 분노는 극에 달했다. 광화문 광장에서 매주 주말마다 모이던 집회가 점점 그 규모가 커져만 갔다. 2017년 1월 14일은 1987년 사망한 박종철 열사의 사망 30주기 날이었다. 거리에 달려 있던 '응답하라 1987!'이라는 현수막을 보는 귀철의 마음은 더욱 뜨거워질 수밖에 없었다. 연천의 시골 아이가 서울로 와서 문틈이지만 대학생 형, 누나들을 통해 세상을 보던 바로 그해였다. 그다음 해 봄까지 20차에 걸친 촛불 집회는 시간이 지나면서 점점 그 열기가 더 뜨거워졌다. 광화문뿐만 아니라 서울시 전역과 지방 도시 전체에서 모이는 사람들의 수도 시간이 갈수록 더욱 많아졌다.

20대 젊은 대학생들이 주축이 되어 벌이던 1980년대의 학생운동이나 시위와는 그 양상이 완전히 달라졌다. 바로 그들이 성장해서 주역이 된 것이다. 20대 시절, 서로 다른 생각으로 반목하거나 시위를 외면한 채 도서관으로 향했던 많은 청년들도 어느덧 사회를 이끌어가는 어른이 되었다. 그들은 학창 시절부터 갖고 있던 마음의 빚을 갚겠다는 의지가 강했다. 무엇보다 불의에 저항하려는 마음은 하나 같았다. 귀가 떨어질 것 같은 추운 날 롱패딩을 입고, 목도리를 두르고, 어린아이들을 목마에 태우고, 청소년 자녀들의 손을 잡은 채 사람들은 거리에 모여들었다. 귀철의 가슴도 뜨거워졌다. 자기가 할 일이 따로 있었지만, 저렇게 많은 시민들이 나가는 시위에 참가하지 않을 수가 없었다. 그룹 시나위의 신대철 씨가 이끄는 밴드도 무대에 섰고, 가수 전인권 씨도 무대에 올랐다. 모두 같은 마음으로 노 개런티였다. 국악 한 그룹을 만들어 무대에 같이 올리자는 의견도 있었다. 어느 날, 한예종에서 타악을 공부하고 있던 귀철의 제자가 연락을 해 왔다.

"선생님, 이거⋯ 아예 돈 한 푼도 안 받고 무대에 오르시는 건데 괜찮으시겠어요?"

물론이었다. 그의 질문은 귀철에게 아무런 의미가 없었다. 더 이상 그저 멀리서 바라보며 외치고 그저 박수만 칠 수는 없는 일이었다. 귀철 같은 풍물패 사람들은 이름 있는 행사에 잘 나가지 않는다. 풍물의 속성이 갖고 있는 우연성을 중요하게 여기기 때문이다. 길에서 함께 즐기다가 우연히 눈이 맞으면 길놀이도 하

2016년 마지막날의 촛불집회 때 운집한 100만의 인파.

고 즉흥적으로 공연도 한다. 하지만 이런 기회는 그냥 보낼 수가 없었다. 대한민국 모든 사람들이 한마음으로 호응해 줄 것이다. 엄청난 수의 사람들이 같은 마음이었다. 전날 다른 밴드들과 소리를 한두 번 맞춰보고 귀철은 무대에 올랐다. 사람들의 함성! 끝이 보이지 않는 집회의 행렬 앞 무대의 맨 앞에 귀철이 서 있었다.

귀철은 형, 누나들과 시위대에 섰던 시절이 주마등처럼 떠올랐다. 어린 시절, 세상에 기댈 것 하나 없던 귀철을 가족으로 받아준 따뜻한 그들. 그들이 거리의 한 장소로 모두 시간에 맞춰 삼삼오오 나타난다. 누군가 노래를 시작한다. 길은 이미 소식을 듣고 차량 통제가 되어 뻥 뚫린 아스팔트만이 눈앞에 펼쳐진다. 저 멀리 방패가 보이고 경찰도 쫙 깔려 있다. 동대문에서 종로 3가까지 가는 길을 어깨 걸고 달려간다. 노랫소리가 들려오고 거대한 함성이 터지면 그때부터는 달려가는 발자국 소리만이 귓전에 울린다. 두렵기도 하고, 용기가 솟기도 하고, 두근거리기도 하고, 또 뜨거워지기도 했다. 1980년 말 서울의 중심 종로는 최루탄이 터진 자국과 돌멩이의 흔적 그리고 화염병의 잔재가 뒹굴던 거리였다. 그곳에서 보냈던 소년 시절과 젊디젊은 형, 누나들과 보냈던 시간이 떠오른다. 지금도 그는 그들과 여전히 함께였다. 시간이 흘러 이렇게 같은 마음으로 같은 곳을 바라보며 같은 길에 서게 될 줄 귀철은 알지 못했다. 그래서 지금 장구와 북을 치며 그들과 함성을 지르는 이 시간은 더욱 찡하고 벅차오르는 순간이었다. 사람들의 행렬은 끝이 보이지 않았다. 그들이 들고 있는 촛불이 커다란 횃불이 되어 귀철 눈앞에서 타올랐다. 이제는 더 이상 그들의 허리춤을 붙들고 쫓아다니는 어린 정돌이가 아니었다. 대한민국 민주주의의 한 역사에 건장한 어른으로 우뚝 서 연주로 힘을 보태는 어엿한 한 사람의 민주시민이 된 기분이었다.

귀철의 연주가 끝나고 전부터 알던 황석영 씨의 며느리도 무대에 올랐다. 황석영 씨의 아들은 작곡 활동을 하고 있었고 며느리는 경기민요로 유명해진 명창이었다. 그녀는 비나리라고 하는 고사소리를 불렀다. 오랫동안 알고는 지냈지만 연락이 끊겼던 사람들과 서로 다르게 살아왔던 사람들이 같은 마음으로 다시 한자리에 만나게 되는 계기가 되었다. 긴 세월, 모른 체하며 지냈던 사람들이지만 시대의 대의 앞에서 한마음이 된다는 사실이 귀철의 마음을 더욱더 크게 흔들었다. 그렇게 전 대한민국 국민 마음을 들었다 놨던 촛불 집회도 헌법재판소 판사들의 만장일치 인용으로 박근혜의 탄핵이 확정됨으로써 일단락되었다. 대통령 탄핵 확정은 헌정 사상 최초의 일이다.

13

변한 것들과 달라진 사람들

현직 대통령을 탄핵하는 큰일에 함께 나서면서 귀철은 늘 궁금했다. 세상은 발전하고, 사람들의 협동으로 정권을 퇴진시키는 힘도 생겼는데 늘 정치적인 현실은 제자리였다. 아니 퇴보하는 것처럼 느껴지기도 한다. 생각의 본질 자체가 흔들려 아주 다른 곳에 가 있는 형, 누나들을 보면 그 의구심이 더 커져만 간다. 학생회 시절 누구보다 강성이었고, 누구보다 목소리가 컸고, 타도 대상을 당장 처단하러 달려 나가기라도 할 것처럼 투쟁 의지가 강했던 홍계 형을 TV 토론에서 본 적이 있었다. 집이 좀 어려웠던 형이지만 장국밥도 나눠 먹고 귀철에게 책도 사 주고 하던 형이었다. 하지만 얼마 전 TV에서 본 그 형은 완전히 다른 사람이 되어 있었다. 너무 놀라 텔레비전을 보다 벌떡 일어날 뻔했다. 자유를 사랑하고 정의를 수호하고 진리를 외치던 사람이 이제는 세상의 질서를 그렇게 함부로 깨서는 안 되는 것이며, 한국의 민주주의는 이미 뿌리부터 문제가 있다고 피력했다. 좌파니 종북이라는 말을 입에 담으며 진보 진영 사람들을 비아냥하며 비판하는 발언을 서슴지 않는 홍계 형을 보며 귀철은 나름대로 결론을 내렸다. '사람은 너무도 약한 존재다. 유혹에 흔들리지 않고, 돈을 돌 보듯 하고, 권력 앞에 비굴해지지 않을 수 있는 게 용기인지 무모함인지는 모르겠다. 그냥 한 가지만 믿고 지키련다. 형태는 다르지만 그때와 같은 맘으로 살고 있는 형들과 누이들을 따르고 존경하리라.'

마음이 달라지고 생각도 변할 수 있다. 그때는 맞고 지금은 틀릴 수도 있다. 하지만 절대로 변하지 않는 것들이 있지 않은가. 질서를 지켜야 한다는 최소한의 시민 의식이 있어야 하고, 내가 쓰레기를 버리면 지구를 더럽힌다는 죄책감 같은 것도 가져야 한다. 지하철에 앉으면 다리를 꼬고 앉아서 다른 사람 바지를 더럽혀서도 안 된다. 나보다 약해 보이는 사람이 있다면 자리를 내줘야 한다. 이렇게 쉬운 일들도 잘하지 못하는 사람들이 있다. 살면서 남에게 최소한 피해와 상처를 줘서는 안 된다. 그것도 자기가 더 많이 갖고자 하는 생각으로 그런다면 그건 절대 사람이 할 짓이 못 된다. 빵이 생기면 나 혼자 먹지 않고 먼저 주변을 돌아보고, 먹고 싶어 하는 사람이 있으면 다 주지는 못하더라도 조금 나눠주는 일이 무어 그리 어렵단 말인가. 손이 필요한 사람이 있으면 손을 빌려주고, 어깨가 필요한 사람이 있으면 어깨를 내어주면 된다. 많이 배우거나 공부를 통해 알게 된 건 아니지만 귀철은 이만큼만 실천해도 그냥 소시민으로서의 의무를 다하며 사는 거라 믿고 싶다.

음악을 하면서 귀철은 항상 많이 행복했다. 장구를 치고 덩실덩실 몸을 움직이고 상모를 돌리면, 어린 시절 사랑받던 안암동의 그 시간이 눈앞에 펼쳐진다. 최루탄 내음도 그에겐 달콤한 꽃향기로 기억되고 사과탄이나 지랄탄도 이제는 놀이공원의 불꽃처럼 아련한 추억이 되어 버렸다. 풍물을 배운 것도 그런 형들과 박자를 맞추기 위한 목적이 전부였다. 특별한 철학이 있어서도 아니었고 정치적 식견이 있어서도 아니었다. 그저 그들과 함께 있고 싶었고 그가 택할 수 있는 가장 쉽고 가까운 방식이었다. 하지만 장구를 치는 일을 직업으로 시작하면서부터는 모든 게 달라져 버렸다. 사람과의 관계는 예전 안암동 시절처럼 돌을 던지거나 화염병으로 항의하고 시위할 수 있는 문제가 아니었다. 스스로 필터가 되어 구정물 속에 들어가 물을 정화시키는 건 다윗과 골리앗의 싸움이었다. 큰 호수에 작은 공깃돌 던지는 것 같았다.

안암동 형들이라고 다 그에게 사랑만 주는 것도 아니었다. 한번은 그가 풍물을 한다는 소식을 듣고 농악대에서 알던 재균 형에게서 연락이 왔다. 당시에도 귀철을 배척하지는 않았지만 그렇다고 특별한 애정을 준 적도 없던 형이었다. 재균은 마치 오래 헤어져 있던 친동생을 만난 것처럼 귀철을 반갑게 대하면서 당장이라도 얼싸안을 것 같은 표정을 지었다.

"너 OO당 강희숙 대표 알지? 내가 이번에 그분을 만났는데 너 얘기를 알더라고. 내가 키웠다고 했다. 사실 그때 너 내가 밥도 사 주고 키웠잖아. 기억나니?"

이런 식의 사람들은 많다. 안암동 시절, 어린 귀철을 진짜로 거두고 키워주었던 많은 형들은 사회에 나가서 자기들이 귀철을 키웠다는 자랑을 하지 않는다. 불우한 어린아이를 받아주고 키워준 미담 속의 주인공이 되고픈 이들은 많았다. 그 미담을 사다리로 해서 타고 오르려다 담벼락을 넘은 사람도 있었을 것이다. 재균 형이 이후 정돌이를 키운 미담을 발판으로 공천을 받았는지 아닌지는 중요하지 않다. 중요한 건 귀철의 마음속에 남은 사실과 기억의 흔적 이다. 귀철을 살뜰히 보살폈던 많은 형, 누나들보다 어찌 보면 재균 형 같은 사람 하나가 귀철의 동아줄이 될 수도 있을지 모르겠다. 그를 통해 공연도 따내고, 점점 관심이 줄어드는 풍물과 농악으로 힘겹게 운영하는 귀철의 연습실에도 도움이 될지 모르겠다. 하지만 귀철은 그렇게 하고 싶지는 않았다. 세상에서 가장 하기 싫은 게 지인 찬스를 쓰는 일이다. 돈을 벌고 싶다는 절박함이 없는 건 아니다. 누구보다도 돈이 필요하고 아이들 셋을 건사하려면 가장으로서 책임을 지는 게 당연하지만, 안타깝게도 그는 좋아하는 일과 돈을 병행하는 법은 배우지 못했다. 라인을 타고, 누군가의 심복이 되고, 줄을 잘 서서 네트워크를 예술의 본질보다 앞에 세우는 건 정말 하기 싫었다. 고대에서 그에게 가르쳐 준 첫 번째 교훈이 '줄을 맘대로 설 자유'였다.

한번은 학생회관에서 알고 지내던 혜경 누나한테서 연락이 왔다. 그녀는 가끔씩 풍물을 하는 귀철의 모습을 본 적 있다면서 열심히 사는 귀철을 칭찬하며 한번 만나자고 했다. 신림동 연습실 앞에서 누나를 만나기로 했다. 그렇게 친하지는 않았지만 워낙 연설을 잘해서 멋있어 보였던 누나는 학생회관 근처를 오가며 얼굴을 기억할 정도는 되는 사이라 귀철도 옛이야기를 할 겸 만나고 싶었다. 누나는 커피숍에서 만나자마자 물 한 잔 들이켜더니 다짜고짜 같이 갈 데가 있다고 귀철 손을 잡아끌었다. 영문도 모르고 따라간 곳은 수원 어디쯤이었다. 무슨 신당 같은 곳이었는데, 누나는 거기로 귀철을 데리고 가더니 기다리라고 하고서는 잠시 후 한복으로 옷을 갈아입고 돌아왔다. 귀철은 대체 무엇을 하는 곳인지 감을 잡을 수 없었다. 문득 '내가 한복을 잘 입으니까 어울릴 거 같아서 데리고 온 건가?' 하는 엉뚱한 생각이 들 정도였다. 누나는 귀철에게도 절을 하라고 시켰다. 겁도 좀 났고 누나에 대한 예의도 있고 해서 가만히 듣고만 있었는데, 잠시 후에 또 아는 형이 들어오는 것이 아닌가. 국회의원 보좌관으로 일하고 있다는 말을 듣긴 했지만 고대를 떠나고 나서는 만나지 못했던 형이었다. 그 형 역시 귀철에게 반갑다는 인사 대신 조상신에 대해 설명하면서 무조건 절부터 하라고 했다. 고대에 다니던 형, 누나들은 무조건 똑똑하고 현실을 직시하는 합리적인 사람이라 믿었던 귀철의 마음에도 짠한 연민이 생겨났다. 신림동에서 수원까지 가면서도 석연치 않았지만 마다않고 따라간 건 혜경 누나에게도 감사함이 있었기 때문이다. 어릴 적 안암동에서 만났고 마주쳤던 모든 사람들에게 귀철은 부채감이 있었다. 그들이 다시 만나 어떤 요구를 해도 두말없이 들어줘야 한다고 늘 생각했다.

설사 인연을 끊게 되는 일이 있더라도 한번은 가줘야 한다는 생각에 따라가긴 했지만 새벽까지 들어야 하는 설교도 그렇고 기도와 절까지 해야 하는 일은 정말이지 지겹고 힘들기 짝이 없었다. 교주까지는 아닌 것 같았고 교주 아래쯤 되는 분이 졸고 있는 귀철을 깨웠다. 또 그러다 깜빡 잠이 들면 또 깨우면서 돈 얘기를 시작했다. 잠을 안 재우는 고문이 그런 것인가. 그는 졸려서 정신이 없는 귀철에게 자기가 버는 돈보다는 더 많은 돈을 내야 구원을 받을 수 있다는 말로 귀철을 설득했다. 거기에 낼 돈도 아까웠지만 실제로 귀철의 주머니에는 딱 7만 원밖에 없었다. 그 돈을 다 털어주고 아침이 되어서야 비로소 풀려난 귀철이 수원에서 전철을 타고 당고개까지 돌아오는 길이 어찌나 멀었는지? 정말 기분이 묘했다. 그토록 똑똑했던 혜경 누나와 그 형이 왜 그런 집단에 빠지게 되었을까? 마음이 강하지 못한 어떤 사람에게는 정의와 신념도 무모한 종교로 쉽게 바뀔 수 있는 것인가 보다. 서울로 들어온 전철이 한강을 건널 무렵 귀철은 그제서야 정신이 좀 들었다. '아무리 그래도 한복은 그 형들보다는 내가 더 잘 어울리는데 말이야.'

그 뒤로 혜경 누나와 형에게서 자주 연락이 왔다. 다시 한번 오라는 것이었다. 거길 찾아갈 여유가 없을 뿐 아니라 더 연락하면 누나에게 갖고 있던 좋은 느낌마저 망가질 것 같았다. 그래서 귀철은 솔직하게 자신의 생각을 전했다. 죄송하지만 다시 연락하지 않기를 바란다는 말도 곁들이며 전화를 끊었다. 한동안 귀철은 마음이 참 먹먹했다. 한 사람의 고대 형이 귀철에게 잘해 주면 2만 명의 고대생들이 다 귀철을 사랑한다고 믿었다. 또 한두 명이 차가운 눈초리를 보내면 그걸로 많은 사람들이 다 귀철을 미워한다는 생각이 들어 또 다른 상처를 받곤 했다. 그걸 이길 수 있는 방법은 성장하지 않고 어른이 되지 않는 것이라 믿었었다. 고려대학교 안에 있어도 고려대학교 학생일 수 없는 귀철은 어린 왕자가 되고 싶었다. 고대라는 별나라에서 살고 싶었다. 장미꽃, 여우처럼 길들여진 채로 그 별을 떠나지 않고는 살아갈 수 없는 왕자처럼, 스스로에 대한 객관화가 되기엔 너무 어렸던 시절이었다. 어린 왕자가 어떻게 어떻게 점프를 해서 어른 왕자가

김두황 열사 추모비 앞에 모인 고려대학교 민주동우회 동우들.

되었지만, 이후에 세상의 풍파와 모진 세월을 이겨나갈 수 있었던 건 순전히 고대의 힘뿐이었다.

해마다 고대 민주동우회 형들이 추모제나 신년회 같은 행사에 귀철을 초대한다. 처음엔 도와준다는 생각으로 무대에 올랐다. 그러다 한두 해가 지나고 행사가 거듭될 때마다 귀철은 깨닫게 되었다. 몸은 나이를 먹었지만 아직도 그들의 운동은 당당히 계속되고 있고 세상에 대한 마음은 여전하며 의식도 명료하게 깨어 있다는 것을. 다른 공간, 다른 자리에 있어도 함께한 시간의 소중함을 기억하고 있는 그들이기에 가능한 일이라는 걸. 그가 무대에 올라가는 건 그들을 돕는 게 아니라 함께하는 것이며, 어른이 된 지금도 여전히 그들의 따뜻한 돌봄을 받고 있다는 것을.

14

영화 〈정돌이〉로 다시 태어나다

아내는 고시원을 임대해 사업을 시작했다. 아내가 인수한 고시원은 오래된 낡은 건물이었고 거의 돌보지를 않아 바퀴벌레의 집이었다. 명목은 고시원이었지만 생활보호대상자들이 노년에 갈 곳이 없어 모여든 곳이었다. 주로 노인들이 80대까지 살고 있었고, 그저 밥을 먹고 몸 뉘일 곳 이외에 다른 역할을 하는 공간이 아닌, 그런 곳이었다. 전 원장이 도배를 한 번도 새로 해주지 않아서 방들이 거의 폐허였고, 사는 사람들은 시체 같았다. 아내는 활기가 넘치는 사람이라 그곳을 리모델링하고 주방도 새롭게 가꾸었다. 예술을 한다는 명목이지만 경제적으로 큰 힘이 되지 못하는 귀철을 대신해 가장 노릇을 하는 아내에게 고맙긴 하지만, 늘 표현을 잘 못한다. 오늘 아침에도 어질러진 집을 치우면서 정리 좀 하라고 한마디를 했다가 아내에게 통명스러운 대답을 들었던 터다.

"말을 하지 말고 그냥 치워주면 되잖아. 늘 고마워하는데 왜 치워주면서 잔소리를 하냐고."

틀린 말은 아니다. 해줄 때는 말 없이 베풀어야 한다. 아득한 30여 년 전의 형, 누나들이 귀철에게 잔소리하고 싶었던 게 없었겠는가. 그런 생각이 들면 아내와 다투다가도 입을 닫는다. 그에겐 맞고 틀리고의 문제를 모두 고대에 살던 시절, 그때 생긴 기준에 맞춰 해석하는 버릇이 있다. 아내나 아이들뿐 아니라 인생에서 만나는 모든 사람에게 상처 줘서는 안 된다는 생각이다. 서로의 생각이 다를 뿐이다.

나와 다른 것은 잘못된 것이 아니다. 귀철이 남과 다르게 자랐다고 해서 잘못된 삶을 살아온 것이 아니듯 말이다. 학대는 맞아서만 당하는 게 아니고 화를 내는 것만으로도 얼마든지 폭력이 될 수 있다. 삶이 영원히 미완성이고, 죽는 날까지 완성되지 못한다는 게 인생이라서 오히려 귀철은 다행이라 생각한다. 살아가면서 주어진 시간 동안 잘못한 일이 있다면 다시 고쳐서 살면 되는 것이다.

고시원 청소를 끝내고 귀가해 서둘러 집을 정리해 놓고 저녁 모임에 가려고 귀철은 샤워를 다시 한다. 고대 시절 친하게 지냈고 지금은 영화감독이 된 대현 형이 귀철을 주인공으로 한 다큐멘터리 영화를 제작했다. 멋쩍기도 하고 드러내고 싶지 않은 순간까지 속속들이 보여주는 게 부끄럽기도 해서 많이 망설였던 일이었다.

하지만 민주와 정의라는 지향점을 지키고자 몸과 마음을 모두 바쳤던 많은 형들의 진정한 청춘의 자화상을 기리는 뜻깊은 작업이라는 설득에 귀철도 응하지 않을 수 없었다. 그를 통해 그려지는 형들의 모습이 실제보다 더 못해 보이거나 왜곡되지 않기만을 바라는 마음으로 인터뷰와 촬영에 응했다. 삶이 아무리 힘들어도 본성은 변하지 않기를, 지금은 저마다 사는 모습이 변했다 하더라도 마음만은 한결같기를 귀철은 원한다. 고대에 적을 두었던 많은 사람들이 모두 은인 중의 한 분이라는 생각으로 그들을 대하려 노력한다. 거울 속에 비친 자기의 얼굴을 들여다본다. 오늘 저녁에는 영화 〈정돌이〉에 등장하는 당시의 반가운 형들과 여러 친구들을 만나는 날이다.

보고 싶은 사람들이 있어 모임에 나가지만 참석할 때마다 귀철은 마음이 편치 않을 때가 많다. 리셉션이나 접수대 입구에 가면 늘 학번이 적힌 이름표를 나눠 준다. 귀철에게는 학번이 없다. 진정으로 고대를 사랑하고, 누구보다도 고대인을 많이 알고, 그 어떤 장소보다 고향 같은 고려대학교지만 정식으로 학적을 둔 적이 없으니 학번이 따로 있을 리가 없다. 심지어 특별 교우회비를 낼 정도로 고대를 사랑하지만, 어쩐지 고대라는 고향에 자기 자리가 없다는 생각 때문에 오히려 고대 모임에 갈 때 더 소외감이 들기도 한다. 농악대 OB 모임에 어린 학번 후배들까지 가세

해 모임이 확장되면서 귀철은 더더욱 갈 곳을 잃은 것 같은 느낌이 들었다.

지난주에 법학과 승구 형이 자기 학번 모임을 하면서 술 마신 김에 귀철을 불렀다. 그는 대학 때부터 알던 귀철을 보고 싶은 순수한 마음이었고, 귀철도 그런 마음을 알기에 제자까지 데리고 식당으로 달려갔다. 하지만 그 자리의 다른 사람들이 귀철을 다 알아볼 리 없었다. 남들이 귀철을 얼핏 보면, 어디에도 잘 어울리고 이래도 좋고 저래도 좋은, 취향이 없는 편한 사람이라고 생각할지도 모르겠다.

어린애가 얼마나 변죽이 좋으면 몇 년을 고대에서 그렇게 생활할 수 있었을까 추측하면서 귀철의 성격을 읽을 수 있다고 생각할지도 모르겠다. 하지만 귀철에게는 늘 철칙이 있었다. '아무 데나 끼어들면 안 된다.' 형들이 아무리 예뻐해도 귀철에게는 자기에게 허용된 자리가 얼마나 작은 자리인 줄 알고 있었다. 그런데 그날은 자기도 모르게 그 자리에 가서 환영받지 못한 손님이 되어 버렸다. 제자와 함께 달려간 자리에서 물 위에 뜬 기름이 되어 뻘쭘하게 돌아온 날이었다. 어쩌면 오늘의 모임도 그런 상처에서 자유롭지 못할 수도 있다.

귀철은 창문을 연다. 살면서 처음 경험해 보는 더위를 겪은 여름이었다. 하지만 처서가 지나자 신기하게도 계절은 꼭 와야 할 약속한 손님이 오는 것처럼 선선한 바람을 선물한다. 귀철은 영화 〈정돌이〉에 대해 생각해 본다. 그의 또 하나의 이름, 정돌이. 단지 어린 시절 몇 년 고려대에서 학생들 도움으로 위급한 상황을 넘기고 청소년기를 보낸 게 전부가 아니었다. 그의 인생을 지금까지 지탱해 온 가장 큰 힘은 고려대학교였다. 그가 살아온 시대가 학생운동이 한창이던 시기였기에 정돌이 삶이 그렇게 흘러갔지만, 실제로 그를 키워낸 진짜 힘은 학생운동이 아니라 오롯이 '사랑'이었다.

그가 처음에 학교에 올 때까지만 해도 그 꼬마가 그토록 길게 학교에 있으리라고 생각한 사람은 아무도 없었다. 학교를 떠나면서도 정돌이를 걱정하며 떠난 형들이 별로 없을 수도 있다. 그저 눈앞에 있는 어린아이를 도왔지만 기억에서 사라져 버린 사람도 많았을 것이다. 하지만 군 복역을 마치고 복학해도, 휴학하고 학교를 떠났다가 돌아와 봐도, 감옥에 갔다 온 이후에도 모교에는 정돌이가 살고 있었다. 의식화 전의 순수한 아이 정돌이는 그저 형들이 가는 데가 어딘지 상관없이 엄마 치맛고리를 붙잡고 시장에 가는 아이처럼 시위 현장을 따라다녔다.

멀리 농활을 떠날 때에는 봉사활동에 참여시키려고 데려간 것이 아니다. 어린애를 혼자 집에 두고 나갈 수 없는 부모의 심정으로 아이를 업고 간 거나 마찬가지였다. 그렇게 협동으로 키우고 함께 돌보고, 사랑을 십시일반 나눠주면서 보살핀 어린 영혼이었다. 형들이 저녁이면 "오늘 누가 정돌이를 데리고 가서 잘래?" 하면서 당번을 정했었다. 그들의 눈에 귀철은 그냥 약한 어린 짐승이었다. 토끼처럼, 사슴처럼 어리고 약한 야생 짐승이 사람 사는 세상에 왔으니 잘 돌봐서 보내야 한다는 단순한 마음이었다. 누군가를 돕고, 좋은 일을 하고 봉사한다는 계획이나 목적이 있었다면 오히려 정돌이를 제대로 키우지 못했을 것이다. 그냥 귀철이 살아내는 게 본능이듯, 약한 자를 도와야 한다는 본능이 서로 만나 찐한 전류가 '짠' 하고 통한 것이었다.

사람이 어른으로 성장해 나가려면 밥과 집이 전부가 아니라 한 인간으로 의연하게 실존을 지탱할 수 있는 내면의 힘을 갖춰야 한다는 말이 있다. 영화 〈빵과 장미〉에서처럼 정경대 학회실에서 학생회관으로 이어지는 고려대학교의 공간과 그들이 사 준 한 끼의 식사가 귀철에게는 '빵'이었다. 반면 형들이 가르쳐준 세상과 인간에 대한 시선, 사회에 대한 생각 그리고 지금까지 사랑하는 일이자 생업으로 삼아 살고 있는 소중한 장구는 그에게 아름다운 '장미'였다. 이제 나이가 50줄에 들어선 정돌이가 할 일은 하나뿐이다. 갚으면서 사는 것.

하지만 갚을 길은 아직도 요원한 것 같다. 10년간 그는 사물놀이 '미르'를 운영하고 있다. 전공자들이 아닌 일반인 중에서 배우고 싶어 하는 사람들을 회원으로 받아서 시작한 팀이다. 그중에 오랜 회원이 한 분 계셨는데 어쩌다 끝나고 나서 소주를 한잔 할 기회가 있었다.

영화 〈정돌이〉 시사회 장면.

영화 〈정돌이〉 시사회가 끝나고 고대 교우인 최승돈 아나운서의 사회로
관객들에게 소감을 발표하고 있다.

이런저런 자기소개 끝에 알고 보니 그 역시 학생회관에서 귀철과 같은 시절을 보낸 영문과 87학번 승준 형이었다. 학생회관에서 장구를 치는 귀철을 멀리서 본 적은 있었으나 당시엔 서로 알고 지냈던 사이가 아니었다. 그런데도 형은 그 술자리 이후부터 귀철을 예전의 어린 정돌이 대하듯 따뜻한 마음을 아끼지 않는다. 그 '분'에서 그 '형'이 되는 데에는 굳이 1980년대로 시간을 되돌리지 않아도 상관이 없다. 서울에 살다 지금은 인천으로 이사를 간 승준 형은 이사 후에도 계속 수업료를 내지만 멀어서 나오기가 쉽지 않았다. 미안한 마음에 수업료를 그만 보내라고 하는 귀철에게 그는 말한다.

"언젠가 내가 많이 어려워지면 그때 그냥 가르쳐줘."

기어코 수업료를 보내 귀철의 연습실 운영을 도와주는 고마운 형이다. 아직도 갚지 않고 받고만 있는 기분에 귀철은 정돌이 시절이 따뜻함이 떠올라 마음이 찡해진다. 과거의 결핍과 상실 그리고 손상이 현재의 삶에 변명이 되어서는 안 된다. 어린 시절, 세상의 기초 단위인 가정의 부재를 채워준 형들의 손길이 아직도 끈처럼 이어져 자신을 변명하지 않고 살게 해주는 큰 힘이 되고 있다.

귀철은 창을 닫고 재킷을 걸쳐 입었다. 폰으로 만남의 장소인 종로 3가로 가는 노선을 검색했다. 오늘은 작은 모임이 하나 있어 귀철도 어엿한 멤버로 초대를 받았다. 사람들은 정돌이를 기다린다. '까짓거! 조금 상처를 받는 일이 생기면 어떠랴. 만나야 할 사람들은 만나야 한다.' 한 사람의 독지가나 한 명의 어른이 귀철을 키울 수도 있었다. 하지만 유년 시절의 귀철이 어른이 될 때까지는 여러 사람의 작은 힘들이 보태졌고, 진정한 사회적 돌봄으로 오늘의 어엿한 성인이 된 그를 만들었다. 그 작은 힘들은 고려대학교의 교정에서 싹이 트기 시작했다. 귀철을 키워준 어버이들과 만나는 시간, 귀철은 오늘만큼은 오래전의 정돌이로 돌아가 그들의 과거와 지금 그리고 앞으로의 미래를 이어줄 어린 왕자 역할을 기꺼이 해야겠다고 마음먹었다. 그리고 집을 나선다. 어디선가 그 옛날 안암동에서 듣던 징과 꽹과리 소리가 울린다. 저 먼 곳에서부터 둥둥 북소리도 들려온다. 어릴 적 늘 올 것 같지 않은 미래를 꿈꾸며, 영원히 그들과 함께 살 수 있을 것 같았던 시간 속에서 언젠가 긴 터널을 통과해 소망하는 세상으로 가기를 기원하는 맘으로 불렀던 노랫소리. 그 노래가 정돌이 귀에 아련히 들려온다. 오늘 밤 역시 행복할 것이다. 그들과 함께 있을 테니까.

    한 밤의 꿈은 아니리
    오랜 고통 다 한 후에
    내 형제 빛나는 두 눈에
    뜨거운 눈물들

한줄기 강으로 흘러
고된 땀방울 함께 흘러
드넓은 평화의 바다에 정의의 물결 넘치는 꿈
그날이 오면 그날이 오면
내 형제 그리운 얼굴들 그 아픈 추억도
아 짧았던 내 젊음도
헛된 꿈이 아니었으리
그날이 오면
그날이 오면

발문

인간 승리의 드라마이자 격동의 시대극

조선희 (작가, 전 서울문화재단 대표)

이런 인생도 있다. 영화나 소설이었다면 사실성이 떨어진다고 했을 것이다. 에이 설마, 했을 것이다. 1974년생 정돌이, 송귀철. 한 어린 생명체가, 적진 한가운데 던져지듯, 태어나기도 한다. 어떤 아버지는 집안을 아우슈비츠로 만들기도 한다. 알코올 중독에 무직인 남자가 돈 벌러 나가는 아내와 어린 딸과 아들을 매일 죽도록 패는데 그것을 말릴 '法'이 없었던 1970~80년대. 한 가정뿐 아니라 사회 전체가 폭력적인 가장에게 시달리는 군사정권 시대였다.

군부대 주변에서 빈병을 주워 모아 여비를 마련해 서울로 도망친 중학교 1학년생은 청량리역 부근에서 시국사범으로 수배 중인 고려대학교 학생을 만나게 되고 1987년부터 여러 해 동안 이 학교에서 자란다. 정경대 학생회실이 첫 숙소였고 정경대와 학생회관이 주된 거처라 '정돌이'로 불린 이 아이를 형과 누나들이 밥을 먹이고 집에 데려가 재우고 여름에 농촌활동에 데려갔다. 가족의 탄생! 핏줄에 학대당했던 아이에게 이 학교의 형, 누나들은 대안의 가족이 되었다.

또래 아이들이 중학교 다니고 고등학생이 되어 입시 공부에 매달릴 때 이 소년은 1987년 6월 항쟁의 현장에 있었고 12월 대선 당일 구로구청 농성장에 있었고 생애 첫 직업으로 1988년 한겨레신문 배달 일을 했다. 그는 고대 풍물패 동아리에서 장구를 배웠고 이것이 사물놀이를 가르치고 공연을 하는 그의 평생 직업이 되었다.

그의 인생 50년을 정돌이 시절의 형들 가운데 한 사람인 김대현 감독이 다큐멘터리로 만들었다. 그리고 카메라에 담을 수 없는 송귀철 인생의 속이야기들, 그 디테일이 또 다른 누나 김미경 작가에 의해 책으로 정리되었다. 소설 형식을 빌었지만 실명 논픽션이다.

정돌이는 국악을 전공하고 예술 강사 일을 하는 아내와 함께 아이 셋을 키우는, 요리와 집 청소를 도맡아 하는, 자신의 아버지와 전혀 다른 아버지가 돼 있다. 해피엔딩? 가정폭력의 막장을 보여주는 전반부는 읽어내기 고통스럽지만 영영 깜깜할 것 같은 인생에 가느다란 빛줄기가 섞여 들면서 호흡하기가 한결 편해진다.

해피엔딩으로 끌어가는 동력은, 뜻밖의 행운이나 로또가 아니라 다정한 타인들 그리고 받은 것 이상을 세상에 돌려주겠다는 강인하면서도 고운 한 인간의 심성이다. 이 책 《정돌이》는 인간 승리의 드라마이자 격동의 시대극이다. 또 대학이라는 커뮤니티의 그 풋풋함과 다정함도 너무나 1980년대적이다. 추천사를 쓰기 위해 책을 읽는 동안 두 번 울었다. 어느 대목인지 직접 체험해 보시길 권한다.

정돌이

초판 1쇄 발행 2024년 10월 17일

지은이 김미경
펴낸이 권무혁
펴낸곳 어나더북스 another books
기획·편집 박종길, 최영준
인쇄 및 제본 비전프린팅
출판등록 2019년 11월 5일 제 2019-000299호
주소 (04029) 서울 마포구 월드컵로 8길 49-5 204호(서교동)
대표번호 02-335-2260
이메일 km6512@hanmail.net

ⓒ 김미경, 2024
ISBN 979-11-93539-06-4 (03300)

- 책값은 뒤표지에 있습니다.
- 이 책의 내용의 일부 혹은 전부를 재사용하려면 반드시 어나더북스의 동의를 구해야 합니다.
- 잘못 만들어진 책은 구입하신 서점에서 교환할 수 있습니다.

- 이 책은 영화〈정돌이〉의 제작사 인디라인의 허락하에 출판한 것으로서 2차적 저작물에 관한 사항은 별도의 계약을 체결해야 합니다.
- 본문 속 사진은 송귀철 씨와 인디라인이 제공하였습니다.